Von der Urzeit bis
zu den frühen Hochkulturen

Expedition Geschichte 1

Mittelschule Sachsen
Klasse 5

Herausgegeben
von Florian Osburg,
Dagmar Klose,
Pedro Barcelo

Von Petra Beetz,
Manfred Clauss,
Almut Fiedler,
Christiane Görden,
Achim Jenisch,
Dagmar Klose,
Florian Osburg,
Gundolf Schmidt

Verlag Moritz Diesterweg
Frankfurt am Main

**Expedition Geschichte
Mittelschule Sachsen
Band 1, Klasse 5**

**Von der Urzeit bis
zu den frühen Hochkulturen**

Genehmigt für den Gebrauch an Schulen, Genehmigungsdaten teilt der Verlag auf Anfrage mit.

© 1997 Verlag Moritz Diesterweg GmbH & Co., Frankfurt am Main. Alle Rechte vorbehalten. Das Werk und seine Teile sind urheberrechtlich geschützt. Jede Verwertung in anderen als den gesetzlich zugelassenen Fällen bedarf deshalb der vorherigen schriftlichen Einwilligung des Verlags.

Umschlaggestaltung und Gesamtkonzeption: Lichtenberg Mediengestaltung, Darmstadt; *Satz und Reproduktion:* Lettern Partners, Düsseldorf; *Druck:* Ara-Druck, Stuttgart; *Bindearbeiten:* Großbuchbinderei Monheim, Monheim.

ISBN 3-425-03325-5
Printed in Germany

Herausgegeben von:
Prof. Dr. Florian Osburg, Berlin
Prof. Dr. Dagmar Klose, Potsdam
Prof. Dr. Pedro Barcelo, Potsdam

**Band 1 für Klasse 5 wurde
erarbeitet von:
Dr. Petra Beetz, Potsdam
Prof. Dr. Dr. Manfred Clauss,
Frankfurt am Main
Dr. Almut Fiedler, Dresden
Christiane Görden, Dresden
Achim Jenisch, Karlsruhe
Prof. Dr. Dagmar Klose, Potsdam
Prof. Dr. Florian Osburg, Berlin
Gundolf Schmidt, Wermsdorf**

INHALT

1 Die „Expedition" beginnt 2
1 Von der Zeit 2
2 Quellen unseres Wissens von der Vergangenheit 3
    Gewusst wie! – Archäologie, Geschichte unterm Pflasterstein 4
3 Ausgrabungen in Wermsdorf 6
3.1 Zuerst nur eine Ansammlung von Steinen 6
3.2 Jugendliche als Archäologen 7
    Gewusst wie! – Verhalten bei Funden 7
3.3 Etwas Altes entsteht neu 8

2 Unsere Vorgeschichte 10
Die Geschichte vom schwarzen Mammut (Auftakt) 10
1 Von der Enstehung menschlichen Lebens 12
2 Auch die Erde hat eine Geschichte 13
    Gewusst wie! – Lernen aus einer Karte 14
3 Die Steinzeit 15
3.1 Das Leben in der Altsteinzeit 15
    Gewusst wie! – Lernen aus einem literarischen Text 18
    Die Spuren der ältesten Menschen in Sachsen 20
3.2 Die Jetztmenschen 21
    Gewusst wie! – Wir „lesen" ein Bild 23
3.3 Vom Leben in der Jungsteinzeit 24
    Jungsteinzeit in Sachsen 28
3.4 Religion und Kunst in der Steinzeit 30
4 Die Metallzeit 31
4.1 Der Beginn der Metallzeit 31
4.2 Sachsen in der Metallzeit – die Lausitzer Kultur 33
    Expedition Geschichte – Auf den Spuren der Steinzeitmenschen ... 35
5 Vorgeschichte – vielleicht direkt in deiner Nachbarschaft ... 36
    Geschichte im Überblick: Unsere Vorgeschichte 38

3 Die Frühen Hochkulturen 40
Die Pyramiden und ihre Erkundung (Auftakt) 40
1 Altes Ägypten – Reich am Nil 43
1.1 Land und Staat der Ägypter 43
1.2 Was wäre Ägypten ohne den Nil? 44
1.3 Aus dem Leben der Bauern und ihrer Familien 46
    Gewusst wie! – Was ist eine Rekonstruktionszeichnung? 46
    Gewusst wie! – Wir befragen Aufzeichnungen der Ägypter ... 49
1.4 Vom Glauben der Ägypter 50
    Expedition Geschichte – Vergangenes besser verstehen 53
1.5 Ein Leben ohne Geld 57
1.6 Und die Frauen im Alten Ägypten? 58
1.7 Rätsel um die Hieroglyphen 60

2 Mesopotamien – das Land zwischen den Strömen 61
2.1 Stadtstaaten im Zweistromland 61
2.2 Hammurabi – Herrscher von Babylon 63
2.3 Babylon – eine längst verschwundene Stadt 64
3 Frühe Hochkulturen 65
4 Das Volk Israel 66
4.1 Die Israeliten 66
Gewusst wie! – Zum Umgang mit künstlerischen Rekonstruktionen . . . 67
4.2 Das „gelobte" Land 67
4.3 Von den Propheten 68
4.4 Fremdherrschaft und Vertreibung 69
Geschichte im Überblick: Die frühen Hochkulturen 70

Anhang Worterklärungen 72
Register 73
Literatur 74

VORWORT

Liebe Schülerinnen und Schüler, willkommen zu unserer „Expedition Geschichte"! Während dieser Reise in vergangene Zeiten werdet ihr viel Neues entdecken und lernen euch ein eigenes Bild von unserer Geschichte zu machen. Wer aber eine Expedition unternehmen will, muss sich erst einmal um die Expeditionsausrüstung kümmern. Wir zeigen euch deshalb, wie wir unsere „Expedition Geschichte" ausgestattet haben.

Also dann, viel Spaß und Erfolg mit „Expedition Geschichte"!

Die ersten drei Seiten eines Kapitels, die *Auftaktseiten*, beschäftigen sich mit Vorgängen, die euch bestimmt neugierig machen. Oft geht es auch um etwas, das besonders typisch ist für einen bestimmten Zeitabschnitt, so dass ihr schon einen guten Einblick in das neue Thema bekommt.

Die Texte in dieser Schrift wurden von den Autorinnen und Autoren dieses Buches geschrieben. Sie geben euch Informationen über geschichtliche Vorgänge und Probleme. Obwohl diese *Verfassertexte* sich um möglichst sachliche Aussagen bemühen, spiegeln sie doch immer auch die persönliche Meinung und den Stil der einzelnen Autorinnen und Autoren wider.

Hier handelt es sich um *Quellentexte.* Es gibt Quellentexte, die aus der Zeit stammen, um die es gerade geht (Wissenschaftler sagen: Primärquelle). Andere Quellen enthalten Aussagen von Autoren, die sich deutlich später über einen geschichtlichen Vorgang äußern (Wissenschaftler sagen: Sekundärquelle). Auch Geschichtserzählungen von Schriftstellern kann man ähnlich wie einen Quellentext nutzen. In den Einleitungen zur Quelle erfahrt ihr, um welche Art von Quellentext es sich handelt. Quellentexte sind nach Unterkapiteln nummeriert und haben einen Quellennachweis.

Abbildungen sind bildhafte Quellen, wenn sie aus der Zeit stammen, von der sie berichten. Sind sie deutlich später entstanden, sprechen wir von Rekonstruktionen. Dieses Buch enthält viele Abbildungen, denn oft „erzählt" ein Bild viel mehr als ein langer Text. Bilder haben eine Bildunterschrift, die euch bei der Erschließung des Bildes hilft.

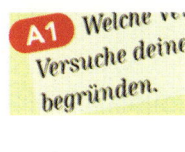

Karten und andere *grafische Darstellungen* sind von Zeichnern gestaltet um geschichtliche Entwicklungen anschaulicher zu machen. Was man sonst noch mit Karten anfangen kann, erfahrt ihr im Buch.

Hier erhaltet ihr *Arbeitsanregungen,* Fragen und Tips, die euch Hinweise geben, wie ihr euch mit Texten, Karten und Bildern befassen könnt. Oft gibt es auch Anregungen zum Spielen, Basteln, Malen usw. Die Arbeitsanregungen sind seitenweise nummeriert.

„Gewusst wie!" Immer wieder begegnet euch auf unserer „Expedition" in die Vergangenheit etwas Neues. „Gewusst wie!" gibt Hilfestellungen um das Neue zu entschlüsseln. In diesen *Methodenschulungen* lernt ihr, wie ihr z.B. Bilder, Karten und verschiedene Textarten zum „sprechen" bringen könnt.

„Expedition Geschichte" Wer sagt, dass Geschichtsunterricht immer im Klassenraum oder im Sitzen stattfinden muss? Hier findet ihr Ideen für kleine und größere *Projekte,* Spielanleitungen und Experimente.

„Geschichte im Überblick" Die letzte Doppelseite eines Kapitels enthält eine kurze *Zusammenfassung* und einen *Zeitstrahl*, der euch die zeitliche Einordnung wichtiger Vorgänge erleichtert.

Zu besonders wichtigen oder schwierigen Begriffen findet ihr am Ende des Buches ein kleines *Lexikon mit Worterklärungen.*

1 Die „Expedition" beginnt

1 Von der Zeit

„Es war einmal..." – So fangen alle Märchen an und so beginnt auch die Geschichte, um die es in diesem Buch geht.

Aber wann und wo ist der Anfang von Geschichte? Vor 2 Millionen Jahren vielleicht, als Horden menschenaffenähnlicher Wesen in der Steppe nach Nahrung suchten? Oder schon viel früher, vor etwa 3500 Millionen Jahren, als sich erstes Leben im Meer regte?

Du bemerkst schon, dass in diesem Buch keine Märchen erzählt werden, wohl aber Geschichten, die insgesamt die Geschichte, unser Wissen von der Vergangenheit ausmachen. Diese Geschichte spielt sich in einer Zeit und in einem Raum ab. Jüngere Kinder als du bringen Zeitfolgen manchmal durcheinander. Sie sagen zum Beispiel: „Übermorgen war ich im Kino." Du aber kannst gestern, heute und morgen unterscheiden. Du weißt, dass diese Wörter die Vergangenheit, die Gegenwart und die Zukunft bezeichnen. Alles, was die Menschheit von der Vergangenheit des Menschen und seiner Gesellschaft in ihrem Gedächtnis aufbewahrt, nennen wir Geschichte. Und weil die Menschen aus ihrer Zeit heraus immer neue Fragen an die Vergangenheit richten, die Historiker (Geschichtsforscher) immer neue Quellen erschließen und die Zeit immer weitergeht, ist die Geschichte niemals abgeschlossen. Unsere Kenntnisse der Geschichte verändern und erweitern sich.

Auf unserer „Expedition Geschichte" lernst du also nur einen Teil aus der Schatzkammer Geschichte kennen. Aber dieses Wissen kann dir helfen selbständig auf Entdeckungsreise zu gehen, denn Geschichte ist überall.

Wir haben Schwierigkeiten uns einen so langen Zeitraum vorzustellen. Damit wir uns orientieren können, benutzen wir den Zeitstrahl oder die Zeitleiste.

Wie ein Lineal ist die Zeitleiste in größere und kleinere Abschnitte unterteilt. Aber sie gibt nicht Zentimeter und Millimeter an, sondern Jahrtausende, Jahrhunderte, Jahre, Monate und Tage. Anstelle der Null auf dem Lineal gibt es ein Ereignis, die Geburt des Jesus von Nazareth, genannt Jesus Christus. Alles, was davor war, erhält die Bezeichnung „vor Christus" (v. Chr.) und alles, was danach folgt, „nach Christus" (n. Chr.) Meist bezeichnet man nur noch die Zeit vor Christus ausdrücklich, etwa so wie beim Thermometer die Minusgrade.

Je weiter wir in der Zeit zurückgehen, desto schwieriger wird sie vorstellbar. Wir benötigten ein unendlich langes Maß sie darzustellen. Deshalb hat der Zeichner für die dunkle Zeit der Vorgeschichte ein Knäuel gewählt.

> **A1** Entwickle andere Ideen, wie du die unendlich lange Zeit darstellen kannst.
> **A2** Überlege, welche anderen Möglichkeiten du bereits kennst, die gemessene Zeit darzustellen. Du begegnest ihnen jeden Tag.
> **A3** Schau einmal in euer Familienalbum. Vielleicht ist es ein richtiges Familiengeschichtsbuch. Zeichne eine Zeitleiste mit den wichtigsten Ereignissen. Wie weit kannst du die Familiengeschichte zurückverfolgen?

Ein Menschenleben in unserer Zeit dauert durchschnittlich 75 Jahre; eine Generation berechnet man mit 30 Jahren. Und je weiter wir in der Zeit zurückgehen, desto gröbere Umrisse nimmt sie an. Wir werden also mit dem Wissen von den Anfängen der Geschichte, der Vorgeschichte, besonders vorsichtig umgehen müssen.

Der Zeitstrahl

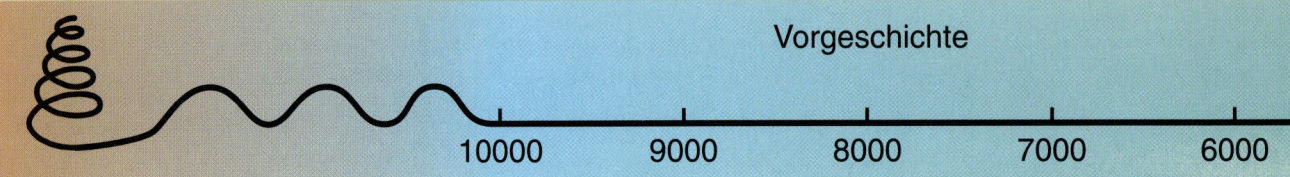

65 Millionen
250 Millionen
2,5 Millionen
600 Millionen
Altsteinzeit
ca. 8000
Jungsteinzeit
3000
Christi Geburt
2000
3500 Millionen
Entstehung
des Lebens
ca. 5 Milliarden Jahre
Entstehung des Planeten Erde

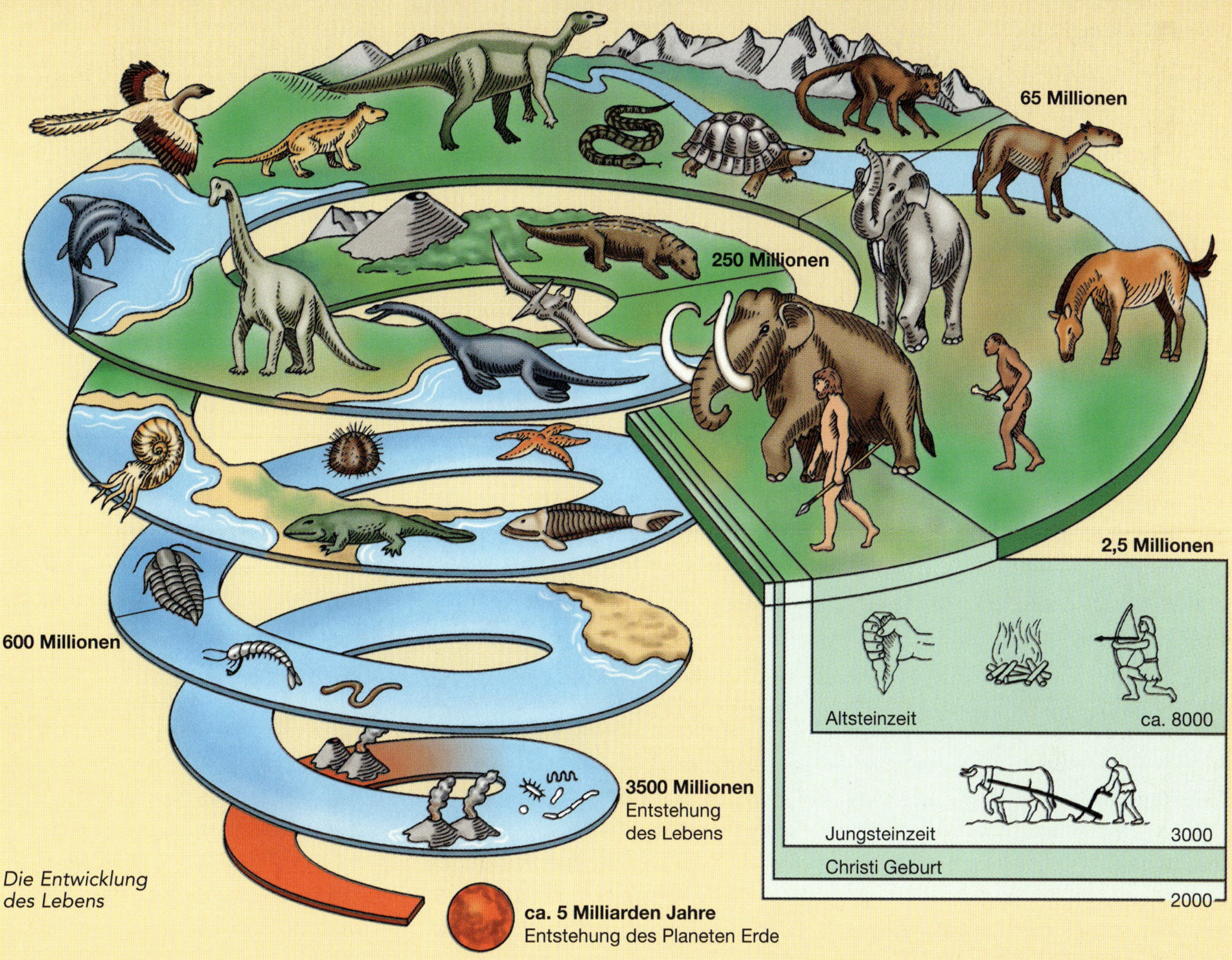

Die Entwicklung des Lebens

2 Quellen unseres Wissens von der Vergangenheit

Wie erfahren wir, wie die Menschen in der Vergangenheit gelebt haben?

Vor etwa 5000 Jahren entstanden in Mesopotamien und Ägypten die ältesten Schriften. Seit sie enträtselt werden konnten, berichten sie uns vieles über vergangene Zeiten.

Aber was verbirgt die „stumme“ Zeit davor?

Völkerkundler können ergänzen, was aus den Funden selbst nicht ablesbar ist. Denn sie studieren das Leben von solchen Menschen in unserer modernen Welt, die heute noch so ähnlich wie die vorgeschichtlichen Jäger und Sammler leben. Daraus können Schlüsse auf das Zusammenleben der Menschen in der Vor- und Frühgeschichte gezogen werden.

Die Funde von Archäologen und die Forschungsergebnisse der Völkerkundler bilden die wichtigsten Quellen der Vor- und Frühgeschichtsforschung. Für die Zeit danach bilden schriftliche Quellen eine besonders wichtige Grundlage unserer Geschichtskenntnisse. Wie man Schriftquellen und andere Zeugnisse unserer Vergangenheit befragt, erfährst du in den folgenden Kapiteln.

A1 *Beschreibe die Zeichnung von der Entwicklung des Lebens. Welche Lebewesen kannst du benennen?*

Geschichte
vor
nach
000
4000
3000
2000
1000
Christi Geburt
1000
2000

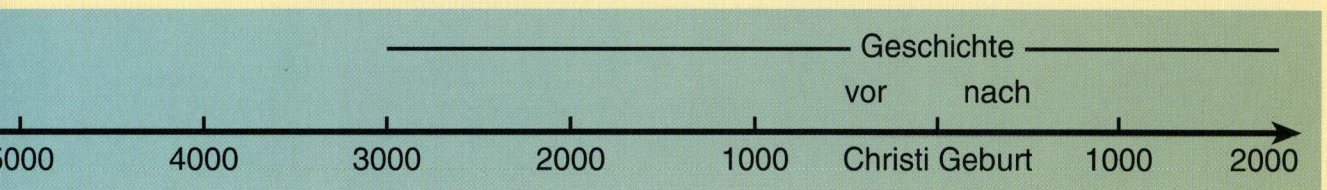

GEWUSST WIE!

Archäologie – Geschichte unterm Pflasterstein

Stell dir vor, wie toll es wäre, wenn du einen Brief von einem Höhlenbewohner lesen könntest, in dem er berichtete, was er an einem Tag so alles unternommen hatte. Leider konnten die Steinzeitmenschen noch nicht schreiben. Deshalb ist es für uns besonders schwer etwas über ihr Leben zu erfahren. Aber auch ohne schriftliche Überlieferungen kann man sich ein Bild vom Leben der Menschen in längst vergangenen Zeiten machen. Gegenstände, die aus der damaligen Zeit noch erhalten sind, geben uns Antworten auf Fragen. Ebenfalls kann man aus Knochen von Menschen und Tieren Schlüsse ziehen.

Die Archäologie, zu deutsch die Altertumswissenschaft, hat sich der Erforschung dieser Sachüberreste zugewandt. Sie leistet so einen wichtigen Beitrag zur Geschichte. Viele Leute glauben, die Archäologen zögen mit dem Spaten durch die Landschaft und seien erpicht möglichst kostbare Gegenstände „auszugraben" um sie dann in einem Museum auszustellen. Dies ist nicht der Fall. Archäologen sind keine Schatzgräber, sondern Wissenschaftler, die durch ihre Forschungen weit reichende Antworten auf Fragen zum Alltagsleben, zur Wirtschaftsweise, zum Wohnen, zur Ernährung der Menschen in früherer Zeit geben können.

Bevor man mit einer Ausgrabung beginnt, muss man wissen, wo man etwas finden kann. Bei einer Landschaftsbegehung oder auf einem Luftbild, das aus einem Flugzeug fotografiert wurde, erkennen Spezialisten durch Erdverfärbungen und Besonderheiten im Pflanzenbewuchs Spuren menschlicher Gestaltung.

Vor dem Beginn einer Ausgrabung muss das Gelände genau vermessen werden, damit man die Funde einordnen kann. Nun wird die Erde Schicht für Schicht abgetragen. Dabei werden ständig Zeichnungen und Fotografien angefertigt um später ein Gesamtbild zu erhalten. Für den Archäologen sind nämlich nicht nur die gefundenen Gegenstände, sondern auch die Befunde, das heißt die Stellen, an denen die Gegenstände gefunden wurden, wichtig.

Normalerweise werden die Funde immer älter, je weiter man nach unten gräbt – so erhält man einen ersten Anhaltspunkt dafür, wie ein Fund zeitlich einzuordnen ist. Eine Möglichkeit das Alter eines Fundes zu bestimmen ist, ihn mit einem ähnlichen Gegenstand aus einer anderen Grabung zu vergleichen.

Genauere Altersangaben kann man aufgrund der komplizierten C-14-Methode machen. C-14 ist ein radio-

A1 Erkläre anhand des Bildes, wo sich die Burg befunden hat.

Im Luftbild zeigen sich Spuren der einst mächtigen Burganlage von Stauchitz bei Riesa in Sachsen.

aktiver Stoff, der z. B. in Holzkohle und Knochen enthalten ist, dessen Menge sich jedoch alle 5568 Jahre halbiert. Misst man also die Menge dieses Stoffes, so erhält man das Alter des Fundes. Für die Altersbestimmung von Hölzern eignet sich die Methode der Baumzeitlehre. Anhand der Anordnung der Jahresringe von Bäumen lassen sich zuverlässige Altersangaben machen.

Die Archäologie beschäftigt sich nicht nur mit Epochen, von denen es keine schriftlichen Überlieferungen gibt. Auch für spätere Zeiten können archäologische Funde und Befunde zur Ergänzung, Vertiefung und Überprüfung von Schriftquellen beitragen.

A1 *Beschreibe anhand des Textes und des Bildes (rechts) die Tätigkeit der Archäologen.*

A2 *Vergleiche selbst die Jahresringe (unten). Was fällt auf?*

Archäologen bei der Arbeit

Darstellung der Arbeitsweise, wie die Jahrringforscher durch den Vergleich von Hölzern unterschiedlichen Alters die genauen Daten ausgegrabener Hölzer ermitteln.

1980   1750   1600   1400   1100   800

3 Ausgrabungen in Wermsdorf – nicht nur eine Sache von Archäologen

3.1 Zuerst nur eine Ansammlung von Steinen

Wermsdorf und Umgebung

Das kleine Dorf Wermsdorf liegt etwa 40 Kilometer östlich von Leipzig. Es ist umgeben von Waldgelände, das die Jahrhunderte überstanden hat. So kann der aufmerksame Beobachter recht leicht Verborgenes früherer Bewohner finden.

Eines Tages meldete ein Forstarbeiter eine merkwürdige Ansammlung von vielen großen Steinen. Die Steine lagen weit verstreut. Die herbeigerufenen Archäologen erkannten sofort, dass sie es hier mit etwas besonderem zu tun hatten. Ausgrabungen begannen. Erste Scherben mit Resten von verbrannten Toten wiesen auf einen Friedhof hin. Über zehn Jahre lang gruben die Altertumswissenschaftler geduldig aus, was die Vergangenheit übrig gelassen hatte. Sie blieben mit ihrem Vorhaben nicht allein. Jahr für Jahr halfen ihnen Schülerinnen und Schüler bei der Arbeit, geduldig, aber vor allem mit Neugier auf das, was zu finden war. Um eine Übersicht über die Ausdehnung zu erhalten, wurden Suchgräben ausgehoben. Meter für Meter deckten die Ausgräber vorsichtig die oberste Erdschicht mit Spaten und Spitzhacke ab. Schon schauten die ersten Reste der alten Kultur heraus. Mit Pinsel und spitzer Maurerkelle legten sie die Begräbnisstellen ganz frei. Alles wurde exakt gezeichnet und fotografiert. Langsam entstand so aus vielen Einzelheiten ein Gesamtbild. Einen fast dreitausend Jahre alten Friedhof mit drei Steinmalen hatten sie ausgegraben. So konnten 26 Gefäße mit Resten von verbrannten Toten aus 19 Gräbern

Steinmale bei Wermsdorf

unter einer Steindecke nachgewiesen werden. In einem zweiten Gräberfeld fanden sie die Reste von 70 Gräbern, die noch älter waren. Die Steinmale, auf denen die Menschen der damaligen Zeit ihre Toten verbrannten, wurden sorgfältig wiederhergestellt. An Scherben von Gefäßen fand man nach genauerer Untersuchung Reste von Nahrung, die einmal in ihnen gelagert worden ist.

Dadurch konnte nachgewiesen werden, dass die Menschen, die hier vor dreitausend Jahren gelebt hatten, Bauern waren. Der Einsatz hatte sich gelohnt.

A1 *In welcher Reihenfolge vollführten die Ausgräber ihre Tätigkeiten?*

A2 *Was entdeckten die Archäologen und welche Schlussfolgerungen zogen sie?*

3.2 Jugendliche als Archäologen...

Seit Jahren helfen auch Schülerinnen und Schüler bei den Ausgrabungen in Wermsdorf. Hier Auszüge aus einem Interview:

Q1 „*Schon einige Jahre fahrt ihr jedes Jahr eine Woche in das Ausgrabungslager in den Wermsdorfer Wald. Das heißt: Leben in Zelten, selbst für Essen sorgen, baden, aber vor allem Arbeit bei der Grabung. Was reizt dich an einer Ausgrabung teilzunehmen?*
Es ist wie ein offenes Tor zur Vergangenheit, denn ich grabe nach Dingen, die seit mindestens achthundert Jahren verborgen waren. Hier kann ich die Geschichte live erleben und bin nicht nur auf Bücher angewiesen.

Hattest du schon einen bedeutsamen Fund?
Ja, eine Urne, die nicht zerstört war und noch Asche von einem Toten enthielt. Meistens fand ich aber nur Steine und kleine Tonscherben, die aber auch sehr wichtig sein können.

Kann ich bei mir zu Hause auch etwas entdecken?
Ja, du mußt nur die Augen offen halten. Auf frisch gepflügten Äckern und gerodeten Waldflächen finden sich manchmal Scherben, die du einsammeln kannst. Alte Geschichten von versunkenen Dörfern solltest du ernst nehmen, und so kannst du auch einmal auf Expedition gehen. Auch in Städten kannst du beim Abriss alter Häuser oder bei Erdarbeiten viel entdecken."
(Interview G. Schmidt vom 14.5.1997)

A1 *Erkläre, was die Schülerinnen und Schüler an Ausgrabungen fasziniert.*

GEWUSST WIE!

Verhalten bei Funden

Auch du kannst zufällig auf bisher verborgene Spuren aus früherer Zeit stoßen. Was ist dann zu tun? Sobald der Verdacht entsteht, dass man auf Überreste aus alter Zeit gestoßen ist, heißt es Vorsicht! Nicht nur über gefundene Gegenstände selbst kommen Archäologen zu Erkenntnissen. Auch deren Lage zueinander und das gesamte Umfeld um den Fund haben für die Fachleute große Bedeutung. Deshalb ist ganz wichtig, dass an der Fundstelle erst einmal nichts mehr verändert wird. Auf keinen Fall darf man aus Neugier „weiterbuddeln" oder Teile an sich nehmen. Die Entdeckung muß der zuständigen Gemeinde oder auch dem Landesamt für Archäologie gemeldet werden. Fachkundige Leute kümmern sich dann um den Fund.

Schülerinnen bei Ausgrabungen

3.3 Etwas Altes entsteht neu

Im vergangenen Jahrhundert erzählten sich die Dorfbewohner in Wermsdorf und Umgebung geheimnisvolle Geschichten über einen versunkenen Ort mitten im Wald. Auch hieß ein Teich, der tief im Wald lag, Kirchenteich. Waren das alles Zufälle? Altertumswissenschaftler wollten es vor einigen Jahren dann genau wissen und begannen mit Ausgrabungen. Und bald fanden sich Reste eines Dorfes mit Kirche und Burg. Eine in einem Archiv gefundene Urkunde verriet sogar den Namen des Dorfes: „Nennewitz". Über 25 Jahre dauerten die Ausgrabungen. Zu Tage kamen zuerst Reste einer Burg. Heute weiß man: Sie bestand aus zwei Gebäuden, einem Turm mit einer dicken Mauer und einem flachen Wirtschaftsgebäude, umgeben von einem tiefen Graben. Die Grundmauern wurden wiederhergestellt. Am Ufer eines in der Nähe gelegenen Teiches fand man planmäßig angelegte große Steine. Sie lassen die Grundrisse von Wohn-

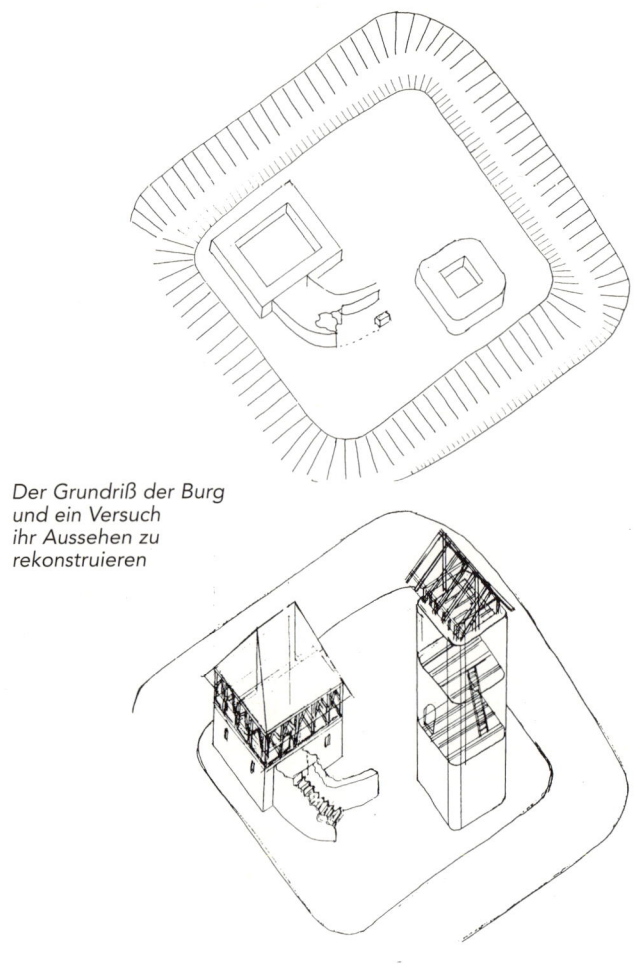

Der Grundriß der Burg und ein Versuch ihr Aussehen zu rekonstruieren

So könnte die Burganlage insgesamt ausgesehen haben

Die rekonstruierten Grundmauern der Kirche

häusern mit Scheune deutlich werden. Diese Häuser und dazugehörige Backöfen waren der Nachweis für ein nahegelegenes Dorf. Als letztes kam eine kleine Kirche mit einem Friedhof an das Tageslicht. Sie lag auf einem alles überragenden Hügel und war umgeben von einer stattlichen Mauer. Der Grundriss der Kirche wird gegenwärtig in mühevoller Arbeit wiederaufgebaut.

Ein Freilichtmuseum soll die Ergebnisse der Wermsdorfer Grabungen interessierten Besuchern, dabei natürlich auch Schulklassen, zugänglich machen.

Kannst du dir vorstellen, dass die Ergebnisse der beiden Wermsdorfer Ausgrabungen in einem Freilichtmuseum gezeigt werden? Wie würde es dir gefallen in einem Waldklassenzimmer zu lernen?

Umgeben von rauschenden Wäldern schaust du dir die Ergebnisse von 30 Jahren archäologischer Arbeit an. In seltener Einheit kannst du gleich zwei Zeitepochen der Geschichte kennenlernen. Dreitausend Jahre zurück führt dich der Gang über das Gräberfeld. Achthundert Jahre zurück liegt die Glanzzeit des Dorfes Nennewitz, dessen Burg, Kirche und Häuser du mit Hilfe der Archäologie und deiner Phantasie vor deinem Auge wieder erstehen lassen kannst.

A1 *Warum gibt man sich so große Mühe Vergangenes wieder sichtbar zu machen?*

A2 *Äußere deine Meinung zu einem Besuch in einem solchen Freilichtmuseum.*

2 Unsere Vorgeschichte

A1 Bildet einen Sitzkreis und wählt eine Vorleserin oder einen Vorleser.

Q1 Die Geschichte vom schwarzen Mammut:
„Die Kältesteppe sah verändert aus. Für knapp drei Monate war es Sommer geworden. Das schwarze Mammut weidete mit geradezu unheimlicher Fresslust. Zusehends wurde es kräftiger. Dennoch plagte es eine immer stärkere Unruhe. Sein Instinkt trieb es nordwärts. Die im Jahresverlauf steigende Sonne ließ die Tundra weiter und weiter nach Norden erwachen. Die frisch erblühte Kältesteppe bot den Mammuten die günstigsten Weideplätze. So zogen sie Jahr um Jahr dem Sommer folgend weit nach Norden.
Der Schwarze lief unruhig im Kreis und er hatte Grund dazu. Auf der Jagd nach dem großschädligen Bison und dem flinken Rentier waren die Menschen weit nach Norden gelangt. Einige Jäger hatten ihre einfachen Fellzelte zwischen den Rundbuckeln aufgespannt.
Das Mammut wich aus, als die Männer sich näherten; aber das verletzte Bein behinderte das Tier. Die Menschen jagten zuerst verhalten. Sie warteten auf das Zeichen des Zaubers. Als es ausblieb, wurden sie angriffslustiger. Näher und näher kamen sie. Doch mieden sie den Wirkungsbereich der Stoßzähne oder des Rüssels. Ein kleiner Treffer mit den Waffen des Tieres hätte sie hinweggefegt. Ihre Stimmen gellten dem Schwarzen in den Ohren. Der Rauchgeruch stand so dicht, dass das Mammut davonstürmte. Doch das verletzte Hinterbein zwang es bald zu langsamerer Gangart. Sofort waren diese gefährlichen Zweibeiner wieder um ihn. Ihre Gesichter hatte der schnelle Lauf tief gerötet. Sie öffneten die jetzt zu warmen Fellkleider. Mehrfach musste der Schwarze seine Fluchtrichtung ändern, weil die Jäger ihm den Weg versperrten. Die Menschen zwangen dem großen Tier ihren Willen auf.
Nach ruheloser Flucht zeigte der Schwarze schon merkliche Schwäche. Plötzlich schien die Erdoberfläche vor ihm in unendliche Tiefe abzufallen. Warnsignale trompetend, stoppte das Mammut. Kurz vor dem steilen Abhang blieb das Tier stehen. Aber die Jäger ließen ihm keine Ruhe. Sie schrien, so laut sie konnten, und warfen Steine, die auf den Schwarzen niederprasselten. Unerträgliche Schmerzen peinigten das Tier auf der Seite, die es den Jägern zuwandte. Aufglimmende Rauchhölzer schwirrten durch die Luft.
Der Schwarze erhob sich. Mit Stolperschritten floh er den Steilhang hinab. Die Jäger lachten und hoben die rechte Hand. Das Mammut war ihnen in die Falle gegangen. Die Jäger schickten ihm Steine hinterdrein, die wie zu flach geschossene Kanonenkugeln den Hang hinabrasten. Auf einer Geröllfläche kam der flüchtende Bulle endgültig ins Rutschen. Er fiel um und legte die nächsten Meter auf der Bauchseite schleifend zurück. Wieder hoben die Jäger die rechte Hand und lachten. Ihr Anführer winkte und sie liefen auf das Mammut zu.
Doch was war das? Die Jäger stoppten mitten im Lauf ab. Das Entsetzen

Was wir über das Mammut wissen:

Es gab verschiedene Mammutarten, von denen das Wollhaarmammut die Eiszeit überleben konnte. Dies verdankte es seinem dichten, langhaarigen Fell und der darunter liegenden Fettschicht. In der größten Not konnte es von seinem Fetthöcker hinter dem Kopf zehren. Es wurde knapp drei Meter hoch, etwa so wie unser heutiger Elefant. Mit seinen langen gebogenen Stoßzähnen konnte es Eis und Schnee von Gras und Moos kratzen und sich so auch in der Kälte ernähren.

Woher haben wir dieses Wissen? In Nordsibirien fanden Forscher 25 erhaltene Mammuts. Sie waren im Eis gefrostet wie in der Tiefkühltruhe. In den Mägen waren sogar noch unverdaute Tundrapflanzen erhalten. Heute gibt es keine Mammuts mehr. Sie sind am Ende der Eiszeit ausgestorben.

Mammutjagd (Rekonstruktion)

jagte ihnen eisige Schauer über den Rücken. So verhielt sich doch kein Mammut!
Die jungen Knochen des Mammutbullen hatten dem heftigen Aufprall beim Sturz widerstanden. Nun richtete er sich auf und kam auf die Jäger zu. Das gepeinigte Tier griff an. Gegen allen Höllenlärm und gegen den Rauchgeruch, der den Fellen der Zweibeiner entströmte, stieg er den Hang wieder empor.
Die Menschen überkam schreckliche Angst. Die Jäger wurden zu Gejagten. Sie rannten, dass sich Teile der geöffneten Kleidung vom Körper lösten und wie Segel flatterten.
Sie rannten noch, als das Schwarze schon wieder weidete. Und das war gut, denn von Nordwesten näherte sich eine dicke Wolkenwand."
(bearbeitet)

(Chr. von Fircks: Das schwarze Mammut. Der Kinderbuchverlag Berlin 1983)

Wenn du wissen möchtest, wie die Geschichte vom schwarzen Mammut weitergeht, so lies das gleichnamige Buch von Christoph von Fircks.

A1 Worüber wollt ihr euch unterhalten? Hier sind einige Vorschläge:
• Was erfahren wir über das Klima und die Landschaft? In welcher Zeit mag die Geschichte spielen?
• Was ist das Besondere am schwarzen Mammut? Welche Tiere lebten außerdem in der Steppe?
• Warum fürchtet sich das schwarze Mammut vor dem Rauch?
• Wie geht der Kampf zwischen dem Mammut und den Menschen aus?

A2 Bildet Gruppen und überlegt, wie die Geschichte weitergehen könnte. Schreibt eure Geschichte auf und lest sie den anderen Gruppen vor.

A3 Formuliert Fragen und Ideen dazu, was ihr aus dieser Zeit wissen wollt!

1 Von der Entstehung menschlichen Lebens

Die Frage nach der Entstehung des Menschen und des Lebens überhaupt stellen sich die Menschen, seit sie über sich nachdenken können.

Je weniger über einen Sachverhalt bekannt ist, desto mehr Vermutungen entstehen dazu. Allein über die unterschiedlichen Vorstellungen von der Herkunft des Menschen sind viele Bücher geschrieben worden.

Eine Vorstellung hat mit der Verbreitung des Christentums bis heute großen Einfluss erlangt. Sie besagt, dass Gott den Menschen wie alle Lebewesen erschaffen habe. Dieser Glaube ist jahrtausendealt.

Der Zeichner Jean Effel hat die „Schöpfungsgeschichte" humorvoll in Szene gesetzt.

Zeichnung von Jean Effel

A1 *Beschreibe die Zeichnung. Wie wird die Schöpfungsgeschichte hier verstanden?*

Wissenschaftlich betrachtet ist unser Wissen über die Entstehung des Lebens erst etwa 120 Jahre alt. Als der Naturforscher Charles Darwin 1871 nachwies, dass Mensch und Affe gemeinsame Vorfahren haben, entfachte er bei vielen Leuten einen Sturm der Entrüstung.

A2 *Versuche zu erklären, warum viele Menschen empört waren.*

Vermutlich entstand das Leben im Meer mit winzigen Einzellern, die sich durch Teilung vermehrten. Etwa vor 700 Millionen Jahren hatten sich in warmen Meeren schon wurmähnliche Lebewesen entwickelt, aus denen Fische wurden. Aus Fischen entstanden dann allmählich Wirbeltiere. Daraus entwickelte sich ein Zweig zu den Vögeln, ein anderer zu Säugetieren. Darunter sind auch die verschiedenen Arten von Affen zu rechnen und aus einer dieser Arten entstanden aufgrund besonderer Umweltbedingungen Affenmenschen. In einem langen Zeitraum veränderten sie sich so weit, bis sie dem Bild unseres modernen Menschen entsprachen.

A3 *Vergleiche die Abbildungen (unten) und beschreibe, was sich jeweils verändert hat.*

Die Entwicklung des Menschen (Rekonstruktion)

Vormensch
(vor 3 Millionen Jahren)

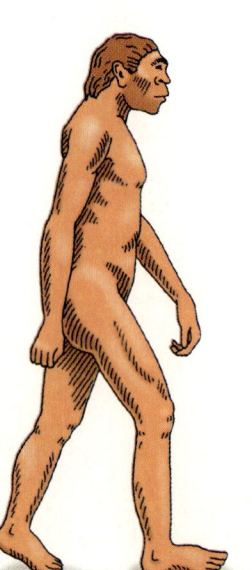
Frühmensch
(vor 1 Million Jahren)

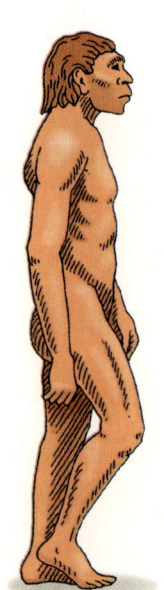
Altmensch
(vor 100 000 Jahren)

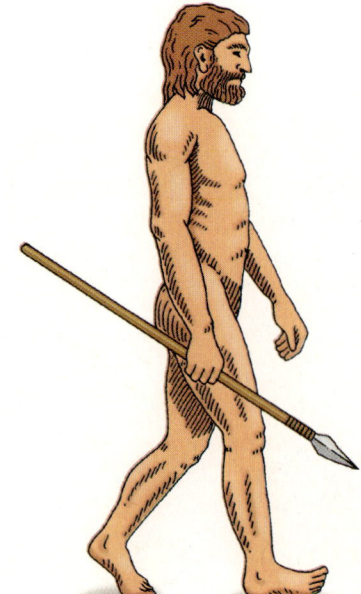
Jetztmensch
(vor 40 000 Jahren)

Darwin (links) und der Affe

A1 *Worüber macht die Zeichnung sich lustig?*

Mit den Jahren haben andere Wissenschaftler außer Darwin diese Auffassungen bestätigt und immer neue Erkenntnisse kommen hinzu.

2 Auch die Erde hat eine Geschichte

Vor etwa 2 bis 3 Millionen Jahren veränderte sich das Klima auf der Erde. Wir wissen nicht, warum die Temperaturen sanken. Aber die Kälte brachte gewaltige Veränderungen mit sich. Man nennt diesen erdgeschichtlichen Zeitraum die Eiszeit. Unsere heutigen Landschaften sind in dieser Zeit entstanden und auch der Mensch entwickelte sich in dieser Zeit. Kaltzeiten und Warmzeiten wechselten sich in unregelmäßigen Zeitabständen ab.

Während einer Kaltzeit sanken in Europa die Temperaturen im Sommer etwa auf +5 °C ab; im Winter fielen sie bis auf –40 °C. Nord- und Südpol vereisten; die Eisfelder schoben sich weit über das Festland und begruben große Teile der Hochgebirge unter sich.

Der für Pflanzen und Tiere günstigste Lebensraum wurde sehr eingeengt. Zugleich bildeten sich kältefeste Arten heraus, die in diesen ungünstigen Klimagebieten überleben konnten. In den kälteren Gebieten lebten Mammut, Wollnashorn, Höhlenbär, Steinbock und Rentier, auch kleinere Tiere wie Polarfuchs und Schneehase. In den wärmeren Zonen tummelten sich Antilopen, Gazellen, Wildrinder, Büffel, Elefanten, Nashörner und Flusspferde.

Am Ende einer Eiszeit entstanden durch die Wiedererwärmung erneut große Veränderungen in den Landschaften und in der Tier- und Pflanzenwelt.

A2 *Erläutere die Abfolge von Warm- und Eiszeiten anhand der Zeichnung.*

Die Abfolge von Warmzeiten und Eiszeiten

GEWUSST WIE!

Lernen aus einer Karte

Geschichtskarten stellen einen bestimmten Raum in einer bestimmten Zeit dar. Sie werden immer in einer bestimmten Absicht gezeichnet. Du erfährst sie oft schon aus der Überschrift der Karte.

Für das Lesen der Karte erhältst du Hilfe in Form von Zeichen/Symbolen/Farben. Sie werden in der Legende (Zeichenerklärung) entschlüsselt. Wenn du die Legende gelesen hast, kennst du die Bedeutung der Zeichen. Nun kannst du erkennen, welche Fakten und Zusammenhänge in der Karte dargestellt sind.

Aus Karte 1 erfahren wir, wie die Vegetation in Europa während einer Warmzeit beschaffen war. Die Legende hilft uns, indem sie Farben für unterschiedliche Vegetationsmerkmale angibt.

Wir erkennen, dass Europa überwiegend von Laubmischwäldern bedeckt war, weiter nordöstlich von Nadelmischwäldern, hoch im Norden von Skandinavien, an der Nordspitze Englands und in den Alpen von Tundren. Um das Mittelmeer herum bildeten sich Waldlandschaften. Vom Südosten her reichten Steppen und Wüsten bis nach Europa.

Wenn du die Gebiete genauer kennzeichnen willst, musst du herausfinden, welche Länder, Gebirge und Flüsse sich in heutiger Zeit hier befinden. Auch solltest du erkunden, welche Länder heute zu dem Kontinent Europa gehören.

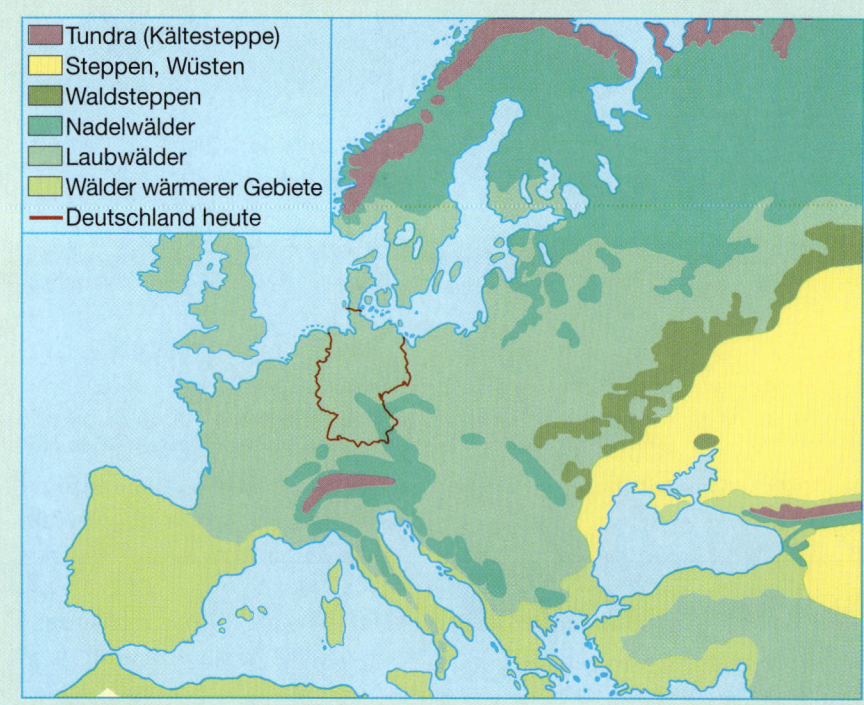

Karte 1: Warmzeit

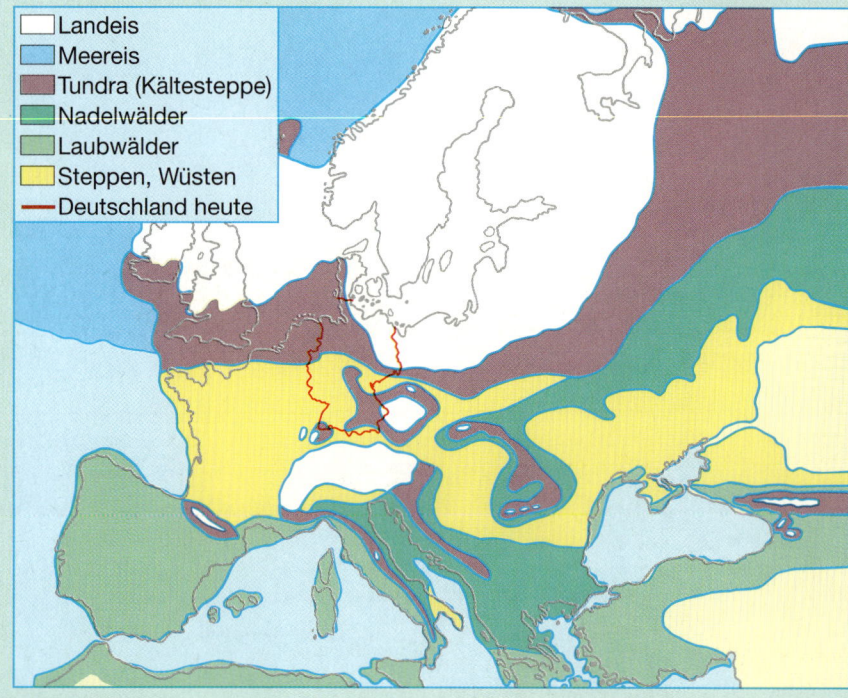

Karte 2: Kaltzeit

Wir fassen zusammen:
1. Entnimm aus der Überschrift die Absicht der Karte.
2. Lies die Legende (Erklärungen) zur Karte.
3. Nun kannst du die einzelnen Aussagen der Karte entschlüsseln.

A1 *Gehe nun bei Karte 2 genauso vor.*
A2 *Vergleiche beide Karten. Wie hat sich während einer Kaltzeit die Vegetation verändert?*

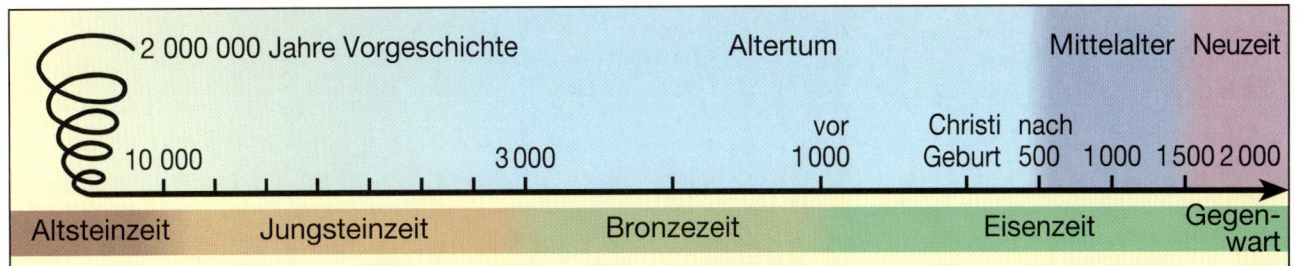

Unsere Expedition Geschichte durchmisst in diesem Kapitel riesige Zeiträume. Der Zeitstrahl gibt dir davon eine ungefähre Vorstellung. Die Zeitangaben beruhen auf bisherigen Funden. Sie sind also nicht endgültig. Sie bezeichnen jeweils die Zeit, wann irgendwo auf der Erde etwas Neues begann. Wir richten uns bei der Einteilung der Vor- und Frühgeschichte nach dem Material, aus dem Werkzeuge und Waffen gefertigt wurden.

3 Die Steinzeit

3.1 Das Leben in der Altsteinzeit

Der erste Fund eines Menschen aus der Altsteinzeit in Europa wurde 1907 in der Nähe von Heidelberg entdeckt. Er erhielt den lateinischen Namen homo heidelbergensis.

Du kannst dir sicher vorstellen, dass jeder neue Fund aus der Vorzeit eine Sensation ist. Besonders fündig auf dem Gebiet der östlichen Bundesländer ist das Land Thüringen.

Hier begann bei dem Ort Bilzingsleben ein Forscherteam unter der Leitung von Dietrich Mania 1971 Grabungen, die bis heute andauern. Wir wollen die Forscher bei der Arbeit begleiten.

In einem Kalksteinbruch, in einer über 350 000 Jahre alten Erdschicht

Das Ausgrabungsgelände bei Bilzingsleben in Thüringen

fanden die Forscher tonnenweise Tierknochen, zugeschlagene Steingeräte, aus Knochen und Holz gefertigte Geräte, Reste von Nahrung und Wohnstätten. Die Sensation war der Fund von insgesamt 11 Teilen eines menschlichen Schädels, genannt homo „bilzingslebenensis".

Wie konnten die Forscher aus den vielen Einzelfunden ein Gesamtbild vom Leben dieser Urmenschen rekonstruieren?

Uns interessiert besonders:
Wie sah dieser Mensch aus, wie ernährte er sich? Welche Geräte stellte er her, wie gebrauchte er sie? Welche technischen Kenntnisse besaß er schon? Wie verhielt er sich zu seiner Umwelt? Hatte er schon Regeln für das Zusammenleben? Dachte er schon über sich und seine Umwelt nach?

Und nun wollen wir die Forscher in ihren Überlegungen begleiten.

Funde bei Bilzingsleben: Beinknochen von Nashörnern und Elefanten

3.1.1 Jagen und Sammeln

Aus den Knochenfunden erfahren wir, welche Tiere damals in diesem Gebiet lebten: Elefanten, Nashörner, Wildrinder, Hirsche, Wildpferde, Rehe, Wildschweine, Höhlenbären, Panther, Wölfe, natürlich auch viele Kleintiere, Vögel und Fische.

Vor allem Frauen und Kinder sammelten, z. B. Kleingetier, Muscheln, Eier und Honig, Pflanzensprossen und Kräuter, Haselnüsse, Wildkirschen, Hagebutten, Eicheln und vieles mehr. Damit sicherten sie, dass die Gruppe ständig Nahrung hatte. Aber auch die Jagd hatte große Bedeutung. Wenn ein größeres Tier erlegt werden konnte, bedeutete das einige Tage Ruhe für die Menschen, denn alle wurden satt.

Die Funde lassen darauf schließen, dass die Bilzingslebener tapfere Großwildjäger waren. Doch wie haben sie das geschafft? Ihre wichtigsten Jagdwaffen, Speer und Stoßlanze, waren aus Holz mit Spitzen, die im Feuer gehärtet wurden. Die Jäger mussten sehr nah an die Tiere heran. Besonders schwierig war es, den riesigen Dickhäuter, den Waldelefanten, zu erlegen.

Eine Angriffsjagd scheint schier unmöglich gewesen zu sein. Es hätte das Ende der Jäger bedeutet. Es ist eher wahrscheinlich, dass die Jäger Fallgruben in der Nähe von Tränken bauten. Das waren Löcher, die mit Zweigen und Ästen abgedeckt wurden und gerade so groß waren, dass jüngere Tiere darin stecken blieben.

A1 *Überlege, was die Gruppe beachten musste, wenn sie eine Jagd vorbereitete.*

A2 *Wie viele Jäger benötigte man wohl? Welche Aufgaben könnten die einzelnen Jäger gehabt haben?*

A3 *Für welche Tätigkeiten waren Männer und Frauen zuständig? Benutze dazu das Wort Arbeitsteilung.*

3.1.2 Gemeinschaft am Feuer

Wenn Überreste von Lagerplätzen gefunden werden, stoßen die Forscher auch meist auf eine Feuerstelle.

Sicher hast du schon einmal an einem Lagerfeuer gesessen und diese ganz besondere Atmosphäre empfunden.

Versuche dieses Gefühl zu beschreiben. Nun fällt es dir sicherlich nicht schwer, dich beim Lesen der folgenden Geschichte in die Zeit der Urmenschen hineinzuversetzen:

Q1 Die Erzählung vom Feuertier:
„Der Kräftige sah es zuerst: Steinbrocken fielen ins Feuer. Er wollte es retten. Doch bevor er Glut in einen Tierschädel sammeln konnte, krachten Geröll und Sandmassen vor dem Höhleneingang nieder.
Das Feuer erlosch. Nun war es stockfinster. Unsägliche Angst packte die Horde. Die Menschen wollten aus der Höhle stürzen, doch sie prallten im Dunkeln aneinander, stießen gegen Höhlenwände, fielen, sprangen wie-

So stellt sich ein moderner Zeichner ein Lagerfeuer der Urmenschen vor.

A1 Beschreibe, was die Urmenschen gerade tun.

A2 Welche Rolle spielte das Feuer für die Menschen?

der auf. Wohin, wohin? Sie suchten nach dem Ausgang. Sie fanden ihn nicht. Sie suchten das Feuertier. Wo war es? Wo? Warum hatte sie das alles erhellende, wärmende, schützende Feuertier verlassen? Weg war es, weg! Oder war es etwa tot?
Vor langer Zeit hatten Vorfahren dieser Horde das Feuertier eingefangen. Das war in einem besonders heißen Sommer gewesen. Trockenes, dürres Steppengras war von selbst in Brand geraten. In kurzer Zeit brannte die weite Steppe. Wie ein rasendes Ungeheuer wälzte sich das Feuertier den Menschen entgegen. Sie flohen, doch es verfolgte sie. Hatte es sie erreicht, biss es unbarmherzig zu und versengte ihnen Haut und Haare. Kreischend hatten sich die Urmenschen in eine Höhle geflüchtet. Dorthin konnte ihnen das Feuertier nicht folgen.
Seine Gewalt ließ nach, als es Gras und Sträucher verschlungen hatte. Nur noch an einigen Stellen züngelten kleine rote Feuerschlangen. Die Menschen wagten sich wieder aus der Höhle heraus. Im Umkreis der Höhle fanden sie tote Vögel, Mäuse, Eichhörnchen, die keine Federn und kein Fell mehr hatten. Wie angenehm sie jetzt rochen! Noch nie hatten sie diesen köstlichen Geruch bemerkt. Vorsichtig ergriffen sie einige Tiere und bissen hinein. Wie leicht das ging! Wie gut das schmeckte!
In den Flammen war das Fleisch weich und knusprig geworden. Sie fanden Äste und Baumstümpfe, an denen das Feuertier züngelte.
Ein Mann nahm das vom Feuer unversehrte Ende eines brennenden Astes in die Hand und schwang ihn durch die Luft. Das Feuer lohte hell auf. Aber es tat ihm nichts. Ein anderer Mann, neugierig geworden, wollte ein verkohltes, noch glimmendes Holzstück anfassen. Schreiend ließ er es fallen. Das Feuertier hatte ihm in die Finger gebissen. Doch als das Holzkohlestück nur noch wenig glimmte, fasste er wieder Mut. Er holte sich aus der Höhle einen Tierschädel und nahm auch einen Stein mit. Behutsam schob er die Holzkohle mit dem Stein in den Schädel. Schnell trug er seine Beute zur Höhle. Die zurückgebliebenen Gefährten schrien entsetzt, als er mit dem glühenden, rauchenden Feuertier anlangte. Doch ruhig hielt er es ihnen entgegen. Misstrauisch nahmen sie den Schädel in die Hand. Das gefangene Tier biss nicht. Was sollten sie nun mit ihm anfangen? Vielleicht wollte es fressen?" (bearbeitet)

(G. Rottschalk: Vom Feuertier und den Wildpferdjägern. Der Kinderbuchverlag Berlin 1987, S. 11–13)

GEWUSST WIE!

Lernen aus einem literarischen Text

Hast du beim Lesen der beiden Erzählungen Spannung empfunden? Hast du dich in die Personen hineinversetzt, mit ihnen gedacht, gefühlt und gehandelt? Genau das ist das Anliegen der historischen Erzählung. In ihr vermischen sich geschichtliche Tatsachen und Fantasie.

Achte darauf, dass du beides nicht durcheinander bringst. Prüfe also, was Tatsachen sein könnten und was erfunden ist. Dazu musst du die „Sprache" der Urmenschen in der Erzählung in unsere Sprache „übersetzen".

A1 Notiere die Wörter, die du nicht verstehst, und frage nach oder benutze ein Lexikon.

A2 Überlege dir eine Gliederung für die Erzählung. Du kannst so vorgehen:
• Was ist das Feuertier?
• Wie ist es zu den Urmenschen gekommen?
• Wie haben sie es gebändigt?

A3 Schreibe auf, welche Vorteile das Feuertier den Menschen brachte.

A4 Erkläre, warum die Urmenschen ein Tier im Feuer sahen.

A5 Worauf mussten die Menschen warten, wenn sie ein neues Feuertier fangen wollten?

A6 Erzähle die Geschichte weiter: Was mussten die Urmenschen tun, damit das Feuertier ihr Freund wurde?

Später lernten die Menschen Feuer selbst zu entzünden. Es ist anzunehmen, dass der Bilzingslebener schon die Technik des Feuermachens kannte.

3.1.3 Vom Zusammenleben der Menschen in der Altsteinzeit

Vieles haben die Wissenschaftler über die Menschen der Altsteinzeit herausbekommen. Sie kennen ihre Jagdwaffen und Werkzeuge, ihre Lager, die natürliche Umwelt und die Tiere, die sie jagten, und auch die Nahrung, die sie sammelten.

Aber ganz schwierig ist es, Aussagen über das Zusammenleben der Steinzeitmenschen zu machen. Außer wenigen Kunstwerken und Gräberfunden gibt es keine Anhaltspunkte. Hier hilft die Völkerkunde. Sie untersucht, wie in unserer modernen Welt Gemeinschaften leben, die noch immer Jäger und Sammlerinnen sind. Allerdings wird das immer schwieriger, weil es heute kaum noch eine Gemeinschaft gibt, die nicht in irgendeiner Weise mit dem modernen Leben in Berührung kommt. Auch sind die Bräuche bei einzelnen Stämmen sehr unterschiedlich.

Mit Sicherheit wurden die Arbeiten so verteilt, dass jedes Gruppenmitglied seine Fähigkeiten einbringen konnte. Frauen waren sehr wichtig beim Sammeln. Sie säuberten und gerbten Tierfelle, nähten Kleidung, sorgten für Feuerholz und kümmerten sich um die kleinen Kinder. Wie die Männer auf die Jagd gingen, hast du schon erfahren. Diese Verteilung

Zwei Menschen eines Stammes, der noch heute im afrikanischen Urwald unter ähnlichen Bedingungen lebt wie die Urmenschen. Sie tragen ihren wichtigsten Besitz bei sich.

der Arbeit nach den körperlichen Voraussetzungen nennen wir natürliche Arbeitsteilung zwischen Mann und Frau.

Die Gruppe musste regeln, wie die Arbeit und auch die erbeutete Nahrung verteilt wurden. Gewiss mussten noch andere Entscheidungen beraten und getroffen werden. Es ist nicht anzunehmen, dass einzelne Mitglieder „aus der Reihe tanzten". Denn ein Einzelner konnte es nicht wagen, die Gemeinschaft zu verlassen. Er wäre untergegangen.

Vermutlich haben Kinder zunächst spielend gelernt, indem sie die Erwachsenen bei der Arbeit begleiteten. Mussten Jugendliche vielleicht Mut- oder Geschicklichkeitsproben bestehen, bevor sie in den Kreis der Erwachsenen aufgenommen wurden? Gab es schon Familien, wie wir sie kennen? Diese und andere Fragen können nicht vollständig beantwortet werden.

3.1.4 Der Jagdzauber

Die Menschen der Altsteinzeit glaubten, dass sie mit einem bestimmten Tier oder auch einer Pflanze besonders eng verbunden seien. Manche glaubten wohl auch von einem Tier abzustammen. Sie dachten, dass ihre Kraft von diesem Wesen stamme. Vielleicht waren das erste religiöse Vorstellungen.

Da sich die Menschen viele Naturerscheinungen nicht erklären konnten, glaubten sie an übernatürliche Kräfte, die Gutes oder Böses brachten. Deshalb wollten sie diese Kräfte zu ihren Gunsten beeinflussen. Ein Beispiel dafür ist der Jagdzauber.

Sieh dir diese Bilder an:

Der „Tänzer mit übergezogenem Tierfell" und das Wildpferd regen unsere Fantasie an.

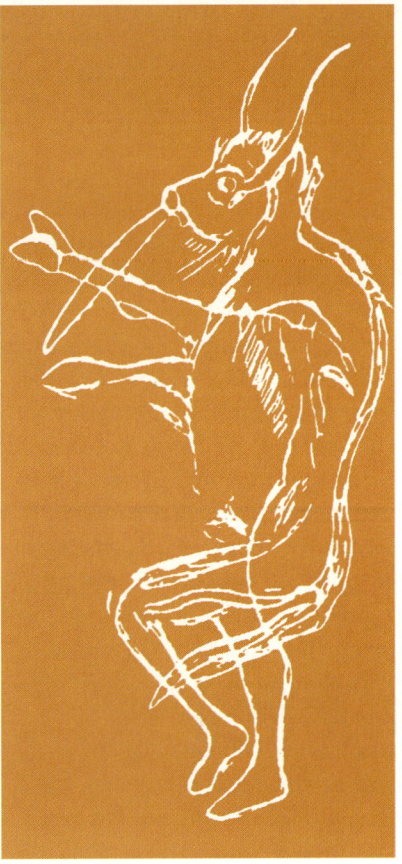

Tänzer mit übergezogenem Tierfell – Ausschnitt aus einem Höhlenwandbild in Frankreich

Wildpferd – Wandbild aus der Höhle von Lascaux

Versetzen wir uns 20 000 Jahre zurück in eine Höhle in Nordspanien und stellen uns die folgende Begebenheit vor:

Q2 „Es ist der Abend vor einer großen Wildpferdjagd. Der Zauberer Ogi ruft die erfahrenen Männer zusammen. Die Höhle ist schwach erleuchtet. Im Schein der Fackeln erkennen die Jäger die Abbildungen großer, kräftiger Wildpferde, die Ogi in die Wand geritzt hat. Im Schein der Fackeln sehen die Tiere aus, als wären sie lebendig. Die Männer fassen ihre Waffen fester. Sie umringen Ogi, der mit dem Zauber beginnt. Aber wie sieht der Zauberer aus? Hat er sich das Fell eines Wildpferdes umgehängt oder hat er sich selbst in ein Wildpferd verwandelt? Hat er nicht richtige Pferdehufe? Dazu schlägt die Rassel vor seinem Kopf einen aufpeitschenden Rhythmus. Er tänzelt wie ein Wildpferd. Allmählich beginnen die Männer sich im Takt zu wiegen, zu stampfen und zu springen. Ihr Tanz steigert sich immer mehr, sie sind wie in einem Rausch. Plötzlich bricht die Rassel ab. An der Felswand erscheint das Abbild eines Wildpferdes. Hat es Ogi herbeigezaubert? Die Jäger greifen zu ihren Speeren und jagen diese in Verzückung in den Tierkörper, dorthin, wo das Herz ist. Allmählich werden die Bewegungen ruhiger. Die Männer betrachten die Stelle, wo ihr Speer getroffen hat. Sie sind zufrieden. Die morgige Jagd wird glücklich verlaufen." (bearbeitet)
(Rottschalk, G.: Vom Feuertier ..., S. 59-61)

A1 Warum verkleidet sich der Zauberer als ein Tier?

A2 Mit welcher Absicht veranstalten die Jäger den Jagdzauber?

A3 Überlege, ob es außer dem „Zauber" eine Begründung dafür gibt, dass die Jäger vermutlich erfolgreich sein werden.

3.1.5 Die Spuren der ältesten Menschen in Sachsen

Auch in Sachsen gibt es Spuren aus der Altsteinzeit, jedoch keine Knochen von Menschen wie auf dem Rastplatz von Bilzingsleben. Bedeutende Funde machten die Archäologen in Markkleeberg bei Leipzig. Es handelt sich um Tausende von Feuersteinsplittern. Bald erkannten die Forscher, dass sie mehrere Arbeitsplätze entdeckt hatten, an denen die Menschen über längere Zeit Werkzeuge aus Feuerstein hergestellt hatten. Die ältesten Spuren zeigen, dass sich hier schon vor etwa 250 000 Jahren Menschen aufgehalten haben.

Feuerstein stammte aus dem nördlichen Europa und gelangte mit der Eiszeit in unser Gebiet. Er ist sehr hart und beim Zerschlagen eines größeren Steines bildeten sich an den Bruchstücken scharfe Kanten, die weiter bearbeitet werden konnten. Die so entstan-

Höhlenmalerei (Rekonstruktion)

Feuersteingeräte aus dem Fund von Markkleeberg

Schieferplatte mit eingeritztem Wildpferd. Oben: Originalzustand, Unten: Hervorhebung des Pferdes mit Farbe

Rekonstruktion des Arbeitsplatzes eines Werkzeugherstellers nach einem Fund von Zwochau

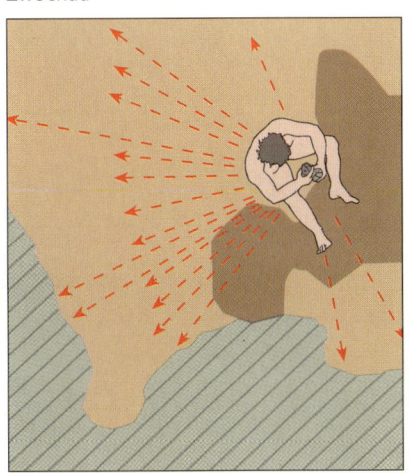

denen Werkzeuge eigneten sich zum Schneiden, Schaben oder Bohren. Weil die Menschen sie an den sicher in der Nähe liegenden Rastplatz mitnahmen, fand man an den entdeckten Arbeitsplätzen nur die abgeschlagenen Feuersteinreste oder missglückte Werkzeuge. An einem anderen Fundort konnte man sogar feststellen, wo der Steinschläger oder Werkzeugmacher bei seiner Tätigkeit gesessen hatte, denn die Steinsplitter fand man halbkreisförmig um seinen Sitzplatz verteilt.

Einen ganz besonderen Fund machte man in Groitzsch bei Eilenburg. Es ist eine Schieferplatte, in die Wildpferde eingeritzt sind. Am Hals des Pferdes siehst du eine Einkerbung. Forscher deuten das als einen Einstich, der den Jägern beim Jagdzauber die verwundbarste Stelle des Tieres zeigen sollte.

A1 *Was könnte die Menschen veranlasst haben für die Werkzeugherstellung oft besondere Plätze aufzusuchen?*

A1 *Suche auf einer Karte von Sachsen die Orte auf, wo Spuren von Menschen der Altsteinzeit gefunden wurden.*

3.2 Die Jetztmenschen

Viele Generationen dauerte es, bis die Menschen ihr Aussehen so verändert hatten, dass es unseren heutigen Vorstellungen ganz ähnlich wurde. Die Forscher bezeichnen diese Menschen als Jetztmenschen. Sie hatten sich etwa vor 40 000 Jahren ausgeprägt. Da sie bereits in einer Gemeinschaft (Sippe) mit festen Regeln lebten, meinen manche Forscher, dass man von der ersten menschlichen Gesellschaft sprechen kann. Andere benennen diese erste Etappe der menschlichen Entwicklung lieber nach dem wichtigsten Rohstoff der Arbeitsgeräte „Steinzeit".

Die folgenden Bilder sollen dir helfen, wichtige Bereiche zu erkennen, die du untersuchen musst um Veränderungen im Leben der Jetztmenschen zu beschreiben.

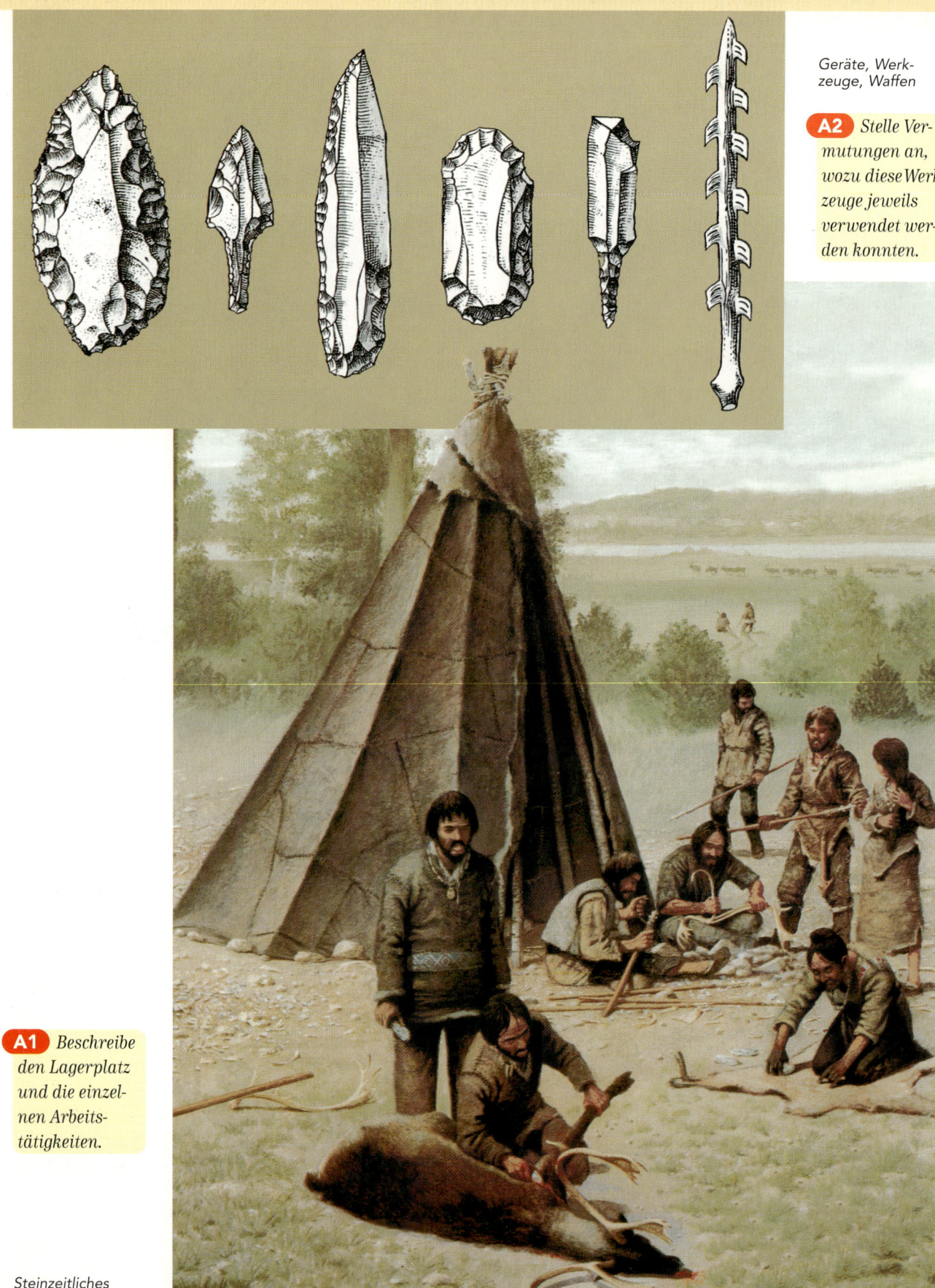

Geräte, Werkzeuge, Waffen

A2 Stelle Vermutungen an, wozu diese Werkzeuge jeweils verwendet werden konnten.

A1 Beschreibe den Lagerplatz und die einzelnen Arbeitstätigkeiten.

Steinzeitliches Lager (Rekonstruktion)

GEWUSST WIE!

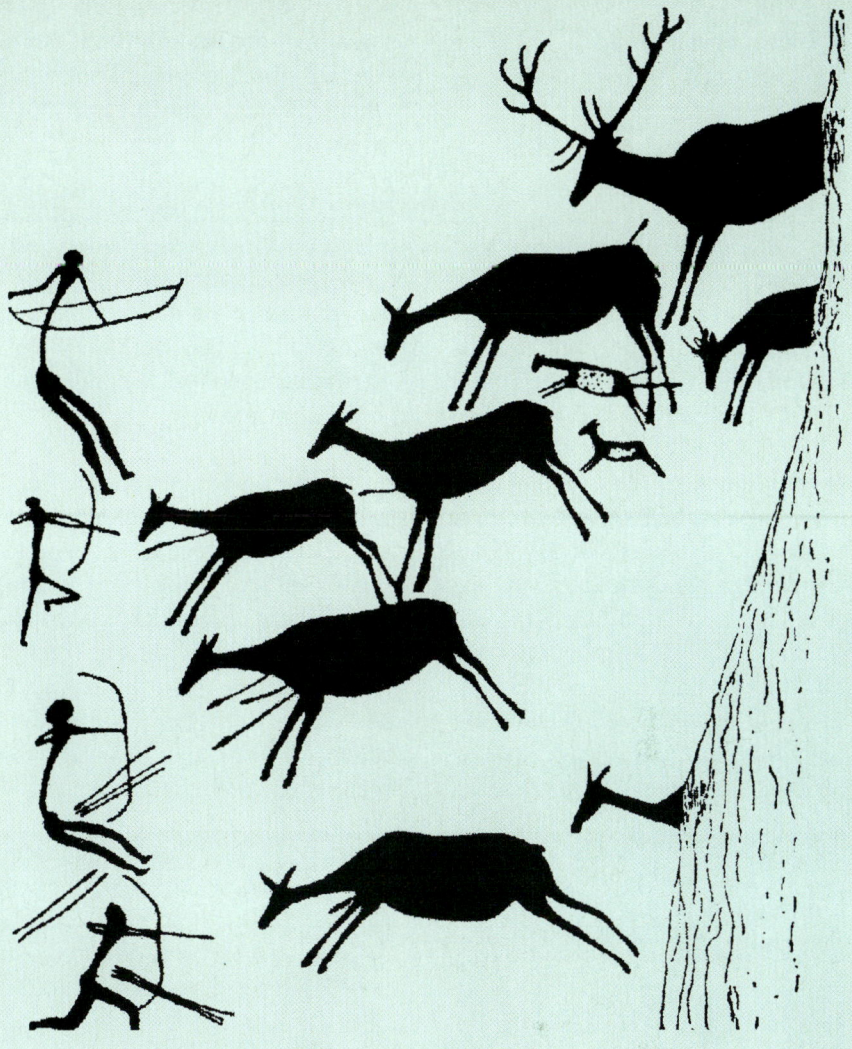

Wir „lesen" ein Bild

Es ist wichtig, dass du zunächst die Art der bildlichen Darstellung erfasst. Handelt es sich um eine Fotografie, um eine zeitgenössische Darstellung oder um eine Rekonstruktion?

Bei diesem Beispiel handelt es sich um eine künstlerische Darstellung, und zwar von einem „Zeitgenossen", einem steinzeitlichen Jäger.

Mit einem Kunstwerk kann man nicht nach starren Regeln umgehen. Dennoch solltest du stets folgende Schritte beachten:
1. Um welche Art der Darstellung handelt es sich und wann ist sie entstanden?
2. Was wird auf dem Bild dargestellt?
3. Wie wird es dargestellt?
4. Was erfahren wir aus dem Inhalt und der Form der Darstellung?

Manches kannst du nur entschlüsseln, wenn du zusätzliche Kenntnisse hast.

1. Um welche Art der Darstellung handelt es sich und wann ist sie entstanden?
Es handelt sich um eine Höhlenmalerei, die etwa 20 000 Jahre alt ist.

2. Was wird auf dem Bild dargestellt?
Wir erkennen ein Gewässer, ein Rudel Hirsche und Rehe mit Jungtieren und Jäger, die mit Pfeil und Bogen ausgestattet sind.

3. Wie wird das Geschehen dargestellt?
Offensichtlich haben die Jäger die Tiere absichtlich in den Fluss oder Bach getrieben, denn sie warten am anderen Ufer schon mit gespanntem Bogen auf sie. Warum drücken sie gerade dann ab, als die Tiere aus dem Wasser treten? Sieh dir die Beine der Tiere an. So hast du vielleicht schon einmal einen Hund beobachtet, wenn er aus dem Wasser kommt. Die Tiere schütteln sich das Wasser aus dem Fell. Dabei bleiben sie stehen und spreizen die Beine. In diesem Moment sind sie ziemlich wehrlos und eine gute Zielscheibe. Genau in diesem Moment schießen die Jäger die Pfeile ab.

4. Was erkennen wir daraus?
Die Jäger kennen die Gewohnheiten der Tiere und nutzen dieses Wissen für ihren Jagderfolg. Sie benutzen eine Fernwaffe, den Pfeil und Bogen. Er reicht weiter als der Wurfspeer und man kann in schneller Folge die Pfeile abschießen. Die Jäger müssen nicht mehr so nah an die Tiere heran. Also werden sie sich auch an gefährlichere Tiere heranwagen.

3.3 Vom Leben in der Jungsteinzeit

3.3.1 Spuren der ältesten Bauern

Der englische Forscher James Mellaart entdeckte 1958 bei Çatal Hüyük in der südöstlichen Türkei zwei Schutthügel, aus denen überraschende Funde zu Tage gefördert wurden. Es handelt sich um einen Wohnhügel, der über Jahrtausende entstanden war. Menschen hatten hier Häuser gebaut. Als sie durch einen Brand vernichtet wurden, ebnete man den Schutt und erbaute darauf eine neue Siedlung. Über die Jahrtausende entstand ein Schutthügel von 17 m Höhe. Bis jetzt wurden 14 Schichten verschiedener Kulturen aus der Zeit von etwa 6800 bis 5700 v. Chr. freigelegt. Am besten erhalten ist die Schicht 6 (ca. 6000 v. Chr.). Deshalb kann man sich heute die Siedlung ziemlich genau vorstellen.

Mellaart fand 139 Häuser, aber keine Straßen. Das Rätsel löste sich, als eine Leiter zu einer Dachöffnung gefunden wurde, die gleichzeitig als Rauchabzug diente. Die Bewohner hatten also ihre Häuser über das flache Dach betreten.

Das Gerüst des Hauses bestand aus starken Holzpfosten. Die Wände waren aus Lehmziegeln gemauert. Eine dicke Schicht Lehm, die für Kühle sorgte, bedeckte die Holzbalken. Verputzt mit weißem Ton sahen die Häuser von innen und außen sicherlich schmuck aus und zugleich waren die Wände vor Feuchtigkeit geschützt.

Man fand Reste von Getreide in hohen Kornbehältern aus Ton, in Körben und in Häuten.

Die Häuser hatten eine Vorratskammer. Nahe der Tür befand sich ein Herd. Auf Plattformen fanden sich Reste von Rohrmatten, die als Schlafstätten dienten.

Mehrere hundert Bewohner müssen damals in Çatal Hüyük gelebt haben. Aus den Funden konnten wichtige Schlüsse gezogen werden, welche Veränderungen gegenüber der Altsteinzeit stattgefunden hatten.

A1 *Warum waren die Hauseingänge auf dem Dach? Bedenke, dass andere Siedlungen zu dieser Zeit mit einer Mauer umgeben waren.*

Die Bauernsiedlung Çatal Hüyük (Rekonstruktion)

Ein Erkundungsgang durch Çatal Hüyük:

Worauf weisen die Reste von Hausweizen und die Knochen von Hausrindern hin?

Bis jetzt hatten wir kennen gelernt, dass die Menschen Wildgetreide sammelten und Tiere jagten. Offensichtlich gibt es nun schon gezüchtete Getreidearten und auch gezähmte Rinder.

Die Veränderung hängt mit einem Klimawechsel am Ende der Eiszeit zusammen. Es bildeten sich die heutigen Klima- und Vegetationszonen. Besonders interessant für die Menschheitsentwicklung wurde es dort, wo sich die warme und die gemäßigte Zone verzahnten. Eine solche Zone, von der eine bahnbrechende Neuerung ausging, war das Gebiet des „Fruchtbaren Halbmondes". Dort liegen heute Israel, der Südosten der Türkei, der Irak und der westliche Iran.

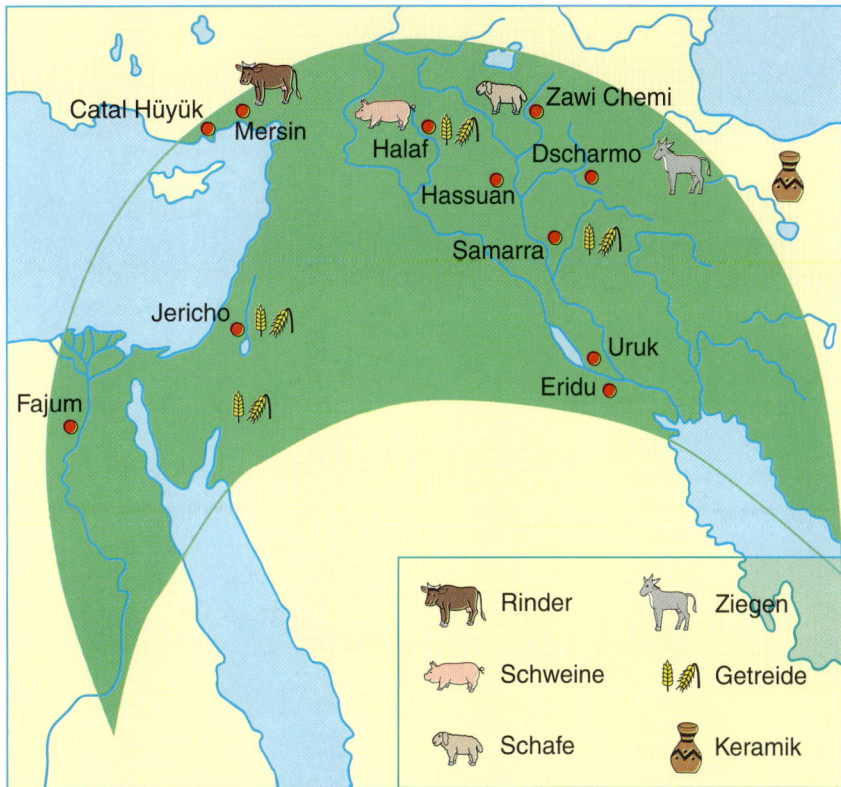

Entwicklung von Ackerbau und Viehzucht im „Fruchtbaren Halbmond"

A1 *Erläutere anhand der Karte den Begriff „fruchtbarer Halbmond". Was ist diesen Gebieten gemeinsam?*

3.3.2 Tierhaltung

In den Bergländern Vorderasiens herrschte im 10. und 9. Jahrhundert v. Chr. ein warmes Klima. Es regnete oft. Die Ebenen waren reich an Auerochsen, Hirschen, Rehen, Gazellen, Wildschweinen und Wildschafen. Diese Beute lockte auch Menschen aus den Bergen, wo Wildschafe und Wildziegen eine weitaus magerere Beute lieferten. Die Fleischversorgung war reichlich. So brauchten nicht alle Tiere sogleich getötet werden. Die Menschen bemerkten, dass Schafe und Ziegen, die in Gehegen gehalten wurden, Milch gaben. Das gab eine schmackhafte Nahrung ab und bald lernten die Menschen auch die Wolle für Kleidung zu verwenden. Den meisten Nutzen brachte das Rind. Die Schlachtung eines einzigen Rindes konnte für eine lange Zeit eine Familie ernähren.

A1 *Beschreibe, wie sich das Aussehen der Tiere allmählich veränderte.*

Veränderung des Rindes durch Züchtung

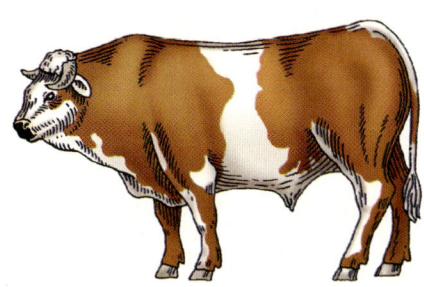

a) wilder Auerochse
b) jungsteinzeitliches Hausrind
c) heutiger Stier

Auch Zicklein und Lämmer wurden geboren. Sie suchten sich ihr Futter selbst und wurden gegenüber den Menschen zutraulich.

Die Menschen verschonten die Muttertiere, weil sich die Herde vermehren sollte. Sie wollten vor allem Nachkommen von solchen Tieren, die besonders viel Fleisch und Milch versprachen. So wurden Haustiere gezüchtet.

A1 *Welche Vorteile brachten die Haustiere den Menschen?*

3.3.3 Anbau von Getreide

An den Berghängen bei Çatal Hüjük wuchsen Wildgräser, auch wilder Weizen und Gerste. Es war schwierig Wildgetreide zu sammeln, denn bei der geringsten Berührung fielen die Körner zu Boden. Doch manche Ähren hielten ihre Körner fest. Mit diesen konnten die Frauen schneller ihre Körbe füllen. Auf dem Dreschplatz schütteten sie die Körbe aus und droschen das Getreide mit langen Holzstangen. Viele Körner gingen dabei verloren. Aber im folgenden Jahr wuchs dort neues Getreide. Lange Zeit werden dies die Menschen nicht weiter beachtet haben oder sie konnten sich den Vorgang nicht erklären. Irgendwann lernten sie das Getreide aufzubewahren und im nächsten Jahr auszusäen. Sie lernten auch den Boden mit Hacken zu bearbeiten, weil die zarten Pflanzen in lockerem Boden am besten gediehen.

Und so veränderten sich die Ähren von Weizen und Gerste durch regelmäßigen Anbau.

Entstehung des Hausweizens

A2 *Vergleiche die Ähren. Was stellst du fest?*

Was beweist das Vorhandensein einer Vorratskammer in den Häusern?

Offensichtlich erzielten die Bauern einen Überschuss an Nahrungsmitteln, den sie auf unterschiedliche Weise nutzen konnten. Zum einen sicherten die Vorräte eine gleichmäßige Ernährung der Familie über das ganze Jahr. Zum anderen aber konnten auch Menschen versorgt werden, die nicht als Bauern arbeiteten.

3.3.4 Handwerk und Handel

Mellaart fand in Çatal Hüjük zwar keine Werkstätten, aber die handwerklichen Produkte zeugten von hohem Können. Das deutet auf Menschen hin, die sich darauf spezialisiert haben. So gehen Forscher davon aus, dass es bereits Handwerker gab. Es muss außerdem eine Gruppe von Menschen gegeben haben, die die Rohstoffe aus sehr weit entlegenen Gebieten beschafften. Stein, zum Beispiel Obsidian, musste aus einem 100 Kilometer entfernten Vulkangebirge beschafft werden. Das erhaltene hölzerne Geschirr war aus Tannenholz geschnitzt, das damals nur im weit entfernten Gebirge wuchs. Die Handwerker und Händler mussten von den Bauern mitversorgt werden. Ihrer Spezialisierung wiederum ist es zu danken, dass sich die Techniken verbesserten und Neues entstand.

Steinschleifen, Töpfern und Weben sind herausragende Leistungen.

A3 *Erkläre, wozu die Geräte benutzt werden konnten.*

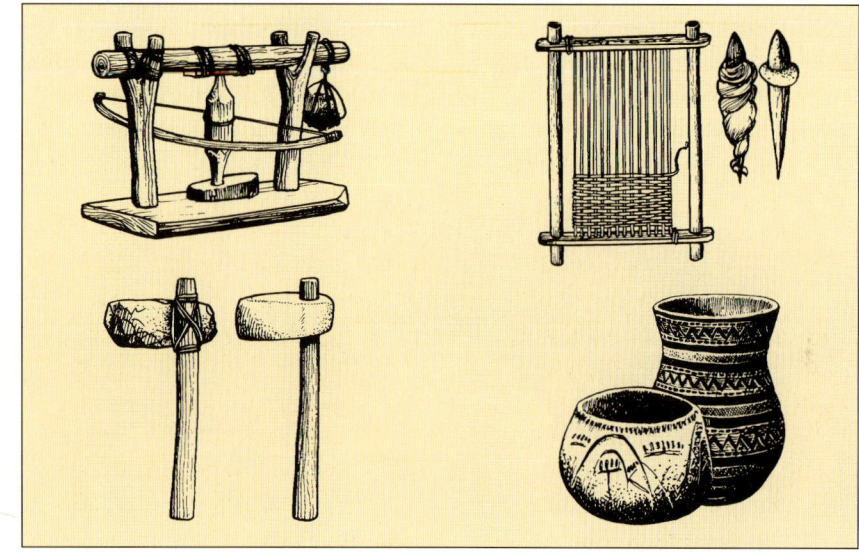

Jungsteinzeitliche Geräte

3.3.5 Vom Zusammenleben

Dank der Sesshaftigkeit stieg die durchschnittliche Lebenserwartung der Menschen. Während sie bei den Jägern und Sammlern vermutlich unter dem 18. Lebensjahr lag, wird sie bei den Bauern auf etwa 22 Jahre geschätzt. Wer das 40. Lebensjahr erreichte, gehörte schon zu den wenigen Alten. Insgesamt wuchs die Zahl der Bewohner in den Siedlungen an. Sie wollten sich und ihre Vorräte vor anderen schützen. Der Hauseingang auf dem Dach erschwerte eventuellen Eindringlingen den Zutritt.

Inneres eines Tempels mit Stierköpfen und dem Bildnis der Muttergöttin (Rekonstruktion)

Welche religiösen Vorstellungen gab es in Çatal Hüjük?

Immer wieder stießen die Forscher auf Stierdarstellungen in den Häusern. In dem größten Haus, vermutlich einem Tempel, sah es etwa so aus wie auf dem Bild oben.

A1 *Erinnere dich an den Jagdzauber. Meinst du, dass er auch für das Leben der Bauern wichtig ist?*

A2 *Erkläre anhand der folgenden Geschichte, was sich verändert hat. Beantworte dazu folgende Fragen:*
• Wie beschworen die Menschen in der Altsteinzeit übernatürliche Kräfte und wie tun sie das jetzt?
• Nenne Unterschiede und Gemeinsames.

Q1 Die Schriftstellerin Gerda Rottschalk schreibt in einem Jugendbuch:
„Es ist Erntezeit. Assan ist wie alle in der Sippe besorgt wegen des Wetters. Die Sonne glüht vom Himmel. Der Himmel sieht dunstig aus.
‚Diesen einen Tag noch, dann haben wir alle Ähren am Bergfeld geschnitten. Wenn Sumut nur nicht den Himmel mit Lichtschlangen zerreißt, laut grollt und den großen Regen schickt‘, sagt Nizra des Morgens zu Assan, als sie Ziegenmilch trinken, gekochtes Schaffleisch und rohe Zwiebelchen essen.
‚Schenk der Urmutter meine letzte Leopardenkralle‘, sagt Assan.
Nizra nimmt die Opfergabe und geht zum Tempelhaus.
Doch Sumut scheint unerbittlich. Sumut hat die Sonne in dichte Schleier gehüllt. Schon grollt es hinter den Bergen.
Nizra kniet vor Sumuts Tonbild. Ununterbrochen murmelt er: ‚Urmutter, schicke keinen Regen. Schenke uns noch diesen Tag für die Ernte.‘
Und es geschieht das Wunder. Es regnet nicht.
‚Sumut hat uns erhört‘, atmen alle auf." (bearbeitet)
(Die Kinder Sumuts. In: G. Rottschalk: Vom Feuertier und den Wildpferdjägern, S. 101–108)

A3 *Überlege, warum gerade Stierköpfe für den Tempel ausgewählt wurden.*

3.3.6 Die Wiegen der Zivilisation

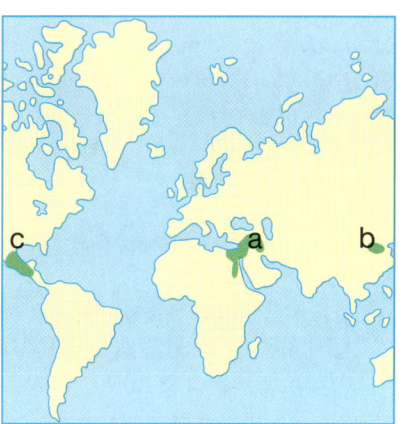

Gebiete frühen Ackerbaus

In diesen Gebieten war der Ursprung des Ackerbaus:

a) vor etwa 10 000 Jahren im Gebiet des Fruchtbaren Halbmondes: Weizen, Gerste, Linsen, Erbsen …
b) vor etwa 7 000 Jahren in China: Reis, Hirse, Sojabohnen, Tee …
c) vor etwa 5 000 Jahren in Mittelamerika: Mais, Bohnen, Früchte, Gewürze.

3.3.7. Jungsteinzeit in Sachsen

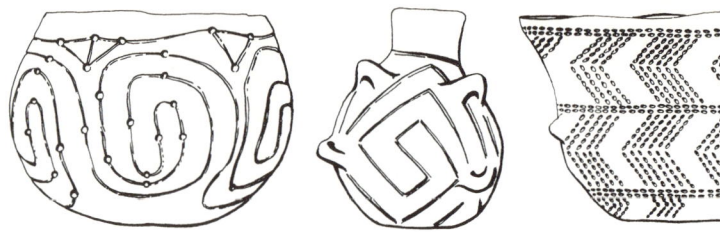

Gefäße der Bandkeramiker aus Sachsen

Wie du schon erfahren hast, führen die Spuren der ältesten Bauern in die heutige Türkei, in den „fruchtbaren Halbmond". Die Menschen dort hatten gelernt Vieh zu züchten und Getreide und andere Früchte anzubauen. Weil sich dadurch ihr Leben verbesserte, nahm die Zahl der Menschen zu. Deshalb suchten sie neue Siedlungsgebiete auch in Mitteleuropa. Vor ungefähr 7 000 Jahren wanderten vom Balkan her Stämme in unseren Raum ein, die Ackerbau und Viehzucht kannten. Große Flüsse, wie die Elbe, erleichterten ihnen die Orientierung. Die Namen dieser Stämme sind nicht überliefert. Die Archäologen nennen sie Bandkeramiker, weil die Verzierungen auf ihren Tongefäßen weißen Bändern ähneln.

Später lebten auch Menschengruppen in Sachsen, deren Gefäße die Abdrücke von Schnüren zeigten und deshalb den Namen Schnurkeramiker erhielten.

Die Einwanderer brachten wichtige Erfahrungen mit: Neben Ackerbau und Viehzucht die Herstellung von gebrannter Töpferware, den Hausbau, die Anfertigung von Geräten aus Stein, Holz und Knochen und auch die Weberei.

Aber würde das mitgebrachte Saatgetreide in dem kälteren Klima auch reif werden? Würde es auch geeignete Steine zur Herstellung von Werkzeugen geben? Würde Ton für die Herstellung von Gefäßen vorhanden sein? Würden die mitgebrachten Tiere den Winter überstehen?

Wie wir aus sehr vielen Funden wissen, haben die bäuerlichen Siedler in unserer Gegend eine neue Heimat gefunden. Die Flusstäler der Elbe, Pleiße, Weißen Elster und Mulde erwiesen sich als besonders fruchtbar und boten an den Rändern der Flussauen geeignete Plätze um Dörfer anzulegen. So waren die Siedler nahe am Leben spendenden Wasser, aber gleichzeitig vor Hochwasser geschützt. Sie erbauten große Häuser, die von dicken Eichenpfählen gestützt wurden. Die Bauten waren 6 bis 10 Meter breit und 30 bis 40 Meter lang. Darin wohnten jeweils etwa 30 Personen. Dort wurden auch die Vorräte gelagert und Arbeiten verrichtet. Solche Häuser wurden auf der Harth bei Zwenkau oder in Kmehlen bei Großenhain und an anderen Stellen in Sachsen ausgegraben.

Der fruchtbare Lößlehmboden ließ sich sehr gut mit einfachen Geräten aus Stein und Holz bearbeiten. Durch Funde wissen wir, dass die Bandkeramiker in unserer Gegend alte Weizensorten wie Einkorn und Emmer, Erbsen und Linsen anbauten. Sie hielten Rinder, Schweine, Schafe und Ziegen, für die es in den nahen Wäldern reichlich Nahrung gab. Während die Rinder den Winter im schützenden Viehgehege verbrachten, behielt man von anderen Tierarten nur Paare für die Nachzucht.

Perlen einer Halskette, die vor kurzem in einer Grube in Kauscha bei Dresden gefunden wurde. Sogar Reste einer Schnur waren noch erkennbar. Die Perlen bestehen größtenteils aus Bernstein, der wahrscheinlich durch Handel in unsere Gegend gelangte. Manche Perlen bestehen aus Glas, das damals ebenfalls sehr selten und wertvoll war.

A1 Überlege, wo sich die Bandkeramiker besonders gern ansiedelten. Begründe, weshalb sie gerade diese Plätze auswählten.

A2 Betrachte die abgebildeten Gefäße sehr genau. Du kannst selbst Gefäße zeichnen oder aber auch aus Ton herstellen und verzieren, die denen der Bandkeramiker ähnlich sind.

A3 Beschreibe das Leben in diesem bandkeramischen Dorf. Vergleiche mit den Häusern in Catal Hüyük.

Rekonstruktion eines Dorfes aus der Jungsteinzeit

3.4 Religion und Kunst in der Steinzeit

Obwohl viele Rastplätze bekannt sind, wurden nur wenige Gräber aus der jüngeren Altsteinzeit gefunden. Wissenschaftler schließen daraus, dass die Toten in der Regel zunächst nicht in Grabgruben bestattet wurden. Sie wurden wahrscheinlich in der Nähe des Lagerplatzes zurückgelassen oder in Felle eingehüllt und mit Steinen bedeckt.

In der Jungsteinzeit wurden die Toten verschiedenartig bestattet, manchmal in Hockerstellung, aber auch in Rücken- oder Bauchlage.

1986 wurde eine Grabgrube entdeckt, in der eine Fau mit zwei Männern bestattet ist. Die Schädel waren mit rotem Farbstoff überzogen.

Das Grab enthielt verkohlte Holzstücke, durchbohrte Tier- und Menschenzähne und einen tropfenförmigen Anhänger aus dem Stoßzahn eines Mammuts.

Du hast bestimmt schon große Einzelblöcke (Findlinge), zum Beispiel auf der Insel Rügen, gesehen. Das sind große Grabkammern, in denen die Dorfgemeinschaft ihre Toten bestattete.

Gegen Ende der Jungsteinzeit nahmen die Einzelgräber zu.

Im Vorderen Orient wurden die Toten unter den Fußböden der Wohnstätten bestattet. Man legte dazu, was im alltäglichen Leben benötigt wurde. Frauen erhielten Mittel zur Körperpflege und Kosmetik sowie Schminkpaletten, roten Ocker, Obsidianspiegel und Schmuck. Männer waren vor allem mit Waffen ausgestattet. Eine gleichwertige Behandlung von Männern und Frauen ist erkennbar. Dass einige Tote besser ausgestattet waren als andere, lässt vermuten, dass sie ein höheres Ansehen innerhalb des Stammes besaßen.

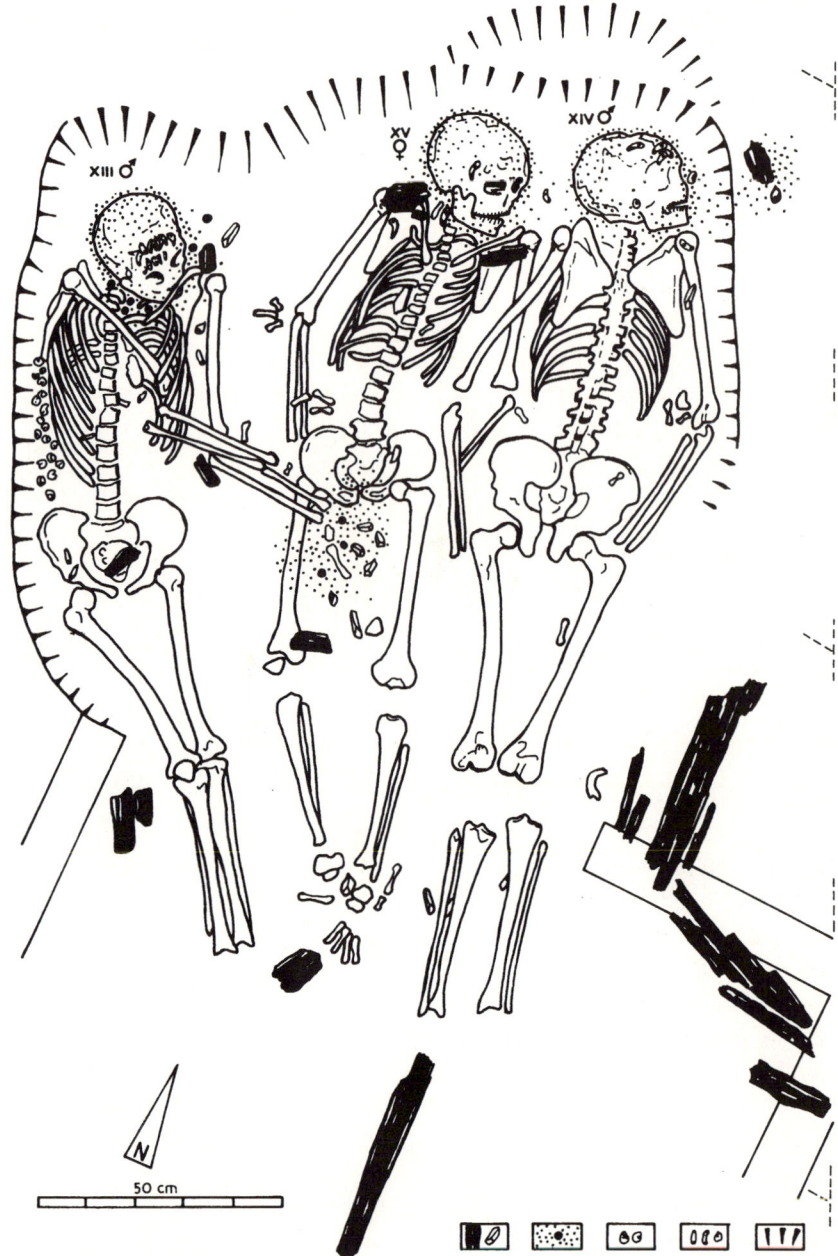

Dreifachbestattung in Tschechien (Mann–Frau–Mann), 1 – verkohlte Holzstücke, Steinwerkzeuge, 2 – roter Farbstoff, 3 – Schneckengehäuse, 4 – durchbohrte Tier- und Menschenzähne, tropfenförmiger Mammutelfenbeinanhänger, 5 – Grabgrubenrand

A1 *Was erfährst du aus der Totenfürsorge über die Vorstellungen der Menschen von Leben und Tod?*

A2 *Was erzählen die Gräber über das Zusammenleben der steinzeitlichen Menschen?*

Großsteingrab bei Rerik, Mecklenburg-Vorpommern

A1 Stelle Vermutungen an, wie damals solche Steingräber errichtet wurden.

4 Die Metallzeit

4.1 Der Beginn der Metallzeit

Die Metallverarbeitung begann, als vor etwa 7 000 Jahren durch das Schmelzen von Kupfererz Kupfer gewonnen wurde. Die Schmelzöfen entstanden vermutlich aus denen der Töpfer. Vor 5 000 Jahren erhielt man Bronze aus einer Mischung von neun Teilen Kupfer und einem Teil Zinn. Bronze ist leichter zu bearbeiten als Stein und ergibt härtere Werkzeuge. Von nun an beginnt die Metallzeit.

Das Metall in Märchen und Sagen: Anhaltspunkte über das Leben der Menschen in früheren Zeiten finden wir auch in den Sagen und Märchen der Völker. Vielleicht kennst du bereits einige Sagen der Griechen, der Germanen und auch Sagen aus deiner Heimat. Aus Sagen erfahren wir manches über Sitten und Gebräuche der Menschen und auch darüber, was sie mit Ehrfurcht und Bewunderung erfüllte und den Anschein von Wundern bekam.

Die Herstellung einer Bronzespitze

Wachs   Ton Wachs   Ton Wachs Feuer   Bronze

A2 Beschreibe, wie eine Bronzespitze hergestellt wurde.

Schmelzofen zur Metallgewinnung

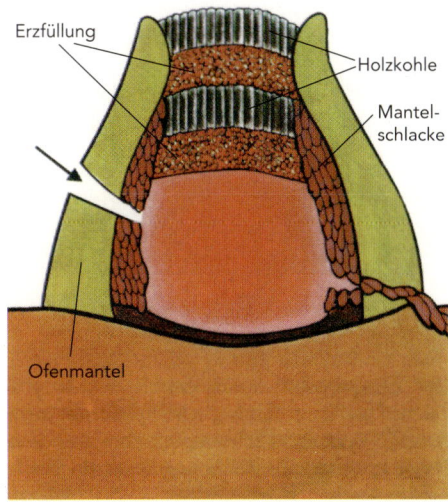

Erzfüllung, Holzkohle, Mantelschlacke, Ofenmantel

Speerspitzen aus Bronze

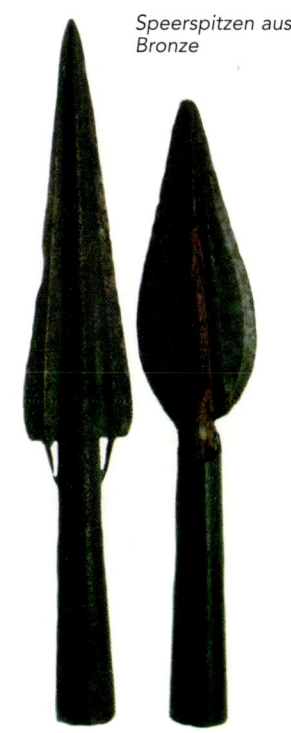

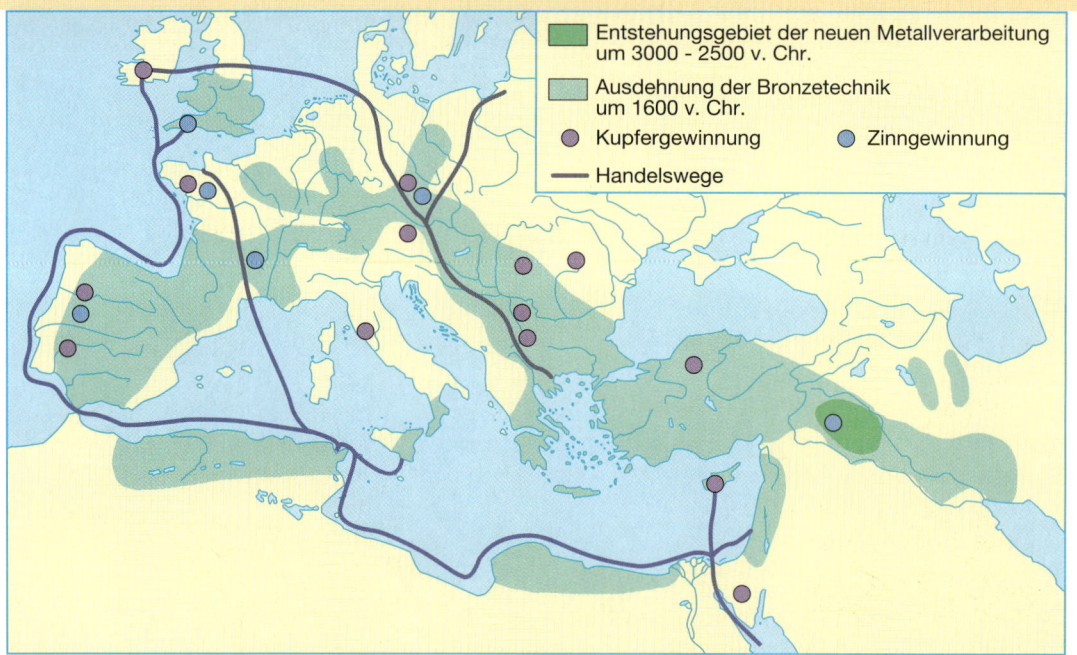

Die Ausbreitung der Metallverarbeitung

- Entstehungsgebiet der neuen Metallverarbeitung um 3000 – 2500 v. Chr.
- Ausdehnung der Bronzetechnik um 1600 v. Chr.
- Kupfergewinnung
- Zinngewinnung
- Handelswege

Die deutschen Sagen und Märchen berichten von Zwergen, die tief in den Bergen hausen und dort Edelsteine und Erze horten und zu Geräten, Waffen und Schmuck verarbeiten. Von ihnen lernten die Riesen die Schmiedekunst. Auch der berühmte Sagenheld Siegfried lernte von dem Riesenschmied Mime die Kunst, ein Schwert zu schmieden, mit dem er einen Drachen besiegen konnte.

A1 Lies zu Hause in Märchen- und Sagenbüchern und erzähle deinen Mitschülerinnen und -schülern Beispiele für die Bedeutung des Metalls und des Schmiedens.

A2 Wende dein Wissen über das Lesen von Karten an: Wo entstand die Bronzetechnik zuerst?

A3 Wie lösten die Menschen das Problem, dass in manchen Gebieten entweder nur Zinn oder nur Kupfer vorkam?

A4 Erläutere die Metallarbeiten in der Rekonstruktionszeichnung unten.

A5 Erläutere die Voraussetzungen dafür, dass Menschen Fernhandel betreiben konnten. Verwende die Wörter: Vorratswirtschaft, Schiffe, Lasttiere, Ware, Handelswege …

A6 Nenne neue Berufsgruppen, die nach den Bauern entstanden. Vergiss dabei nicht die Hüter der Tempel.

Metallarbeiten in der Bronzezeit (Rekonstruktion)

4.2 Sachsen in der Metallzeit – Die Lausitzer Kultur

Bei der Betrachtung der Karte auf S. 32 hast du sicher schon herausgefunden, dass seit etwa 4000 Jahren Metall auch in unserem Gebiet bekannt war. Das Wissen und die Erfahrungen, wie man Bronze herstellen und daraus Gegenstände formen konnte, kam von weit her. Wie Fundstellen in unserem Gebiet zeigen, wurden aus Bronze vor allem Werkzeuge und Waffen hergestellt. Aber auch ein Essgeschirr hat man gefunden. Töpfe, Schalen und andere Gefäße bestanden aber weiterhin meistens aus Keramik, die nun aber neue Verzierungen aufwies. Solche Gefäße wurden im Gebiet der Ober- und Niederlausitz gefunden. Da der Name dieser Menschen, die diese Lebensweise hervorbrachten, nicht überliefert ist, sprechen die Forscher nach ihrem Verbreitungsgebiet von der Lausitzer Kultur.

Die Stämme der Lausitzer Kultur waren wie bereits die Bandkeramiker Ackerbauern und Viehzüchter. Ihre Dörfer lagen eng beieinander und ihre besseren Werkzeuge ermöglichten es ihnen sogar, schwierigere Böden am Rande der Gebirge zu bearbeiten.

Aber in der Lebensweise dieser Menschen gab es noch eine weitere wichtige Veränderung. An Plätzen, die natürlich geschützt waren, wie z. B. Bergkuppen mit steilen Abhängen oder in sumpfigem Gelände, legten sie große Burgen an. Vielleicht hast du sogar schon eine besucht. Möglich wäre es, denn manche sind in ihrer ursprünglichen Ausdehnung noch heute im Gelände zu erkennen.

Unter Anleitung von Adligen, die in den Stämmen eine besonders ein-

Keramikgefäß der Lausitzer Kultur. Die aufgesetzten Buckel sind ein typisches Merkmal für die Lausitzer Kultur.

Prunkbeil von Schweta bei Mügeln

Bronzegefäße der Lausitzer Kultur, gefunden in Dresden-Dobritz. Sie kamen durch den Handel mit dem Süden in unser Gebiet.

33

flussreiche Stellung besaßen, errichteten die Bewohner von etwa zehn Dörfern eine solche Burganlage. Sie schütteten dazu einen großen runden oder ovalen Erdwall auf, den sie im Inneren mit Holzbalken und Steinen verstärkten. Bei Gefahr begaben sich die Menschen der Umgebung mit ihrem Hab und Gut und dem Vieh in die Burg. Sie fanden darin Schutz und verteidigten sie. Wahrscheinlich lebte der Adel nun ständig in der Burg. So wurde sie auch in Friedenszeiten ein wichtiger Mittelpunkt. Das beweisen die vielen Funde, z. B. Reste von Werkstätten der Bronzegießer, von Vorratshäusern und Getreidemühlen. Manchmal diente die Burg dem Schutz eines Handelsweges oder eines Flussüberganges wie z. B. bei Diesbar-Seußlitz.

Die Menschen der Lausitzer Kultur hatten eine ganz besondere Art ihre Toten zu bestatten. Sie legten sie nicht in die Erde wie die Bandkeramiker, sondern verbrannten sie auf einem Holzgerüst. Was übrigblieb, gaben sie in eine Urne und begruben diese. Über dem Grab errichteten sie einen Hügel. Solche Hügelgräber kann man noch heute in der Landschaft entdecken.

A1 *Überprüfe auf der Karte S. 32, auf welchem Weg die Erfindung der Bronzeherstellung in unser Gebiet gelangte.*

A2 *Warum gingen die Menschen auch in unserem Gebiet zur Metallverarbeitung über? Überlege, welche Vorteile das brachte.*

A3 *Begründe, warum die Burg bei den Menschen der Lausitzer Kultur zum Mittelpunkt der Siedlung wurde.*

Luftaufnahme einer Burg in einem ehemaligen Sumpfgebiet bei Biehla/Landkreis Kamenz. Die kreisförmige Anordnung der Bäume zeigt noch heute, wo sich der Erdwall befand. Bei genauem Hinsehen kann man noch den alten Eingang erkennen.

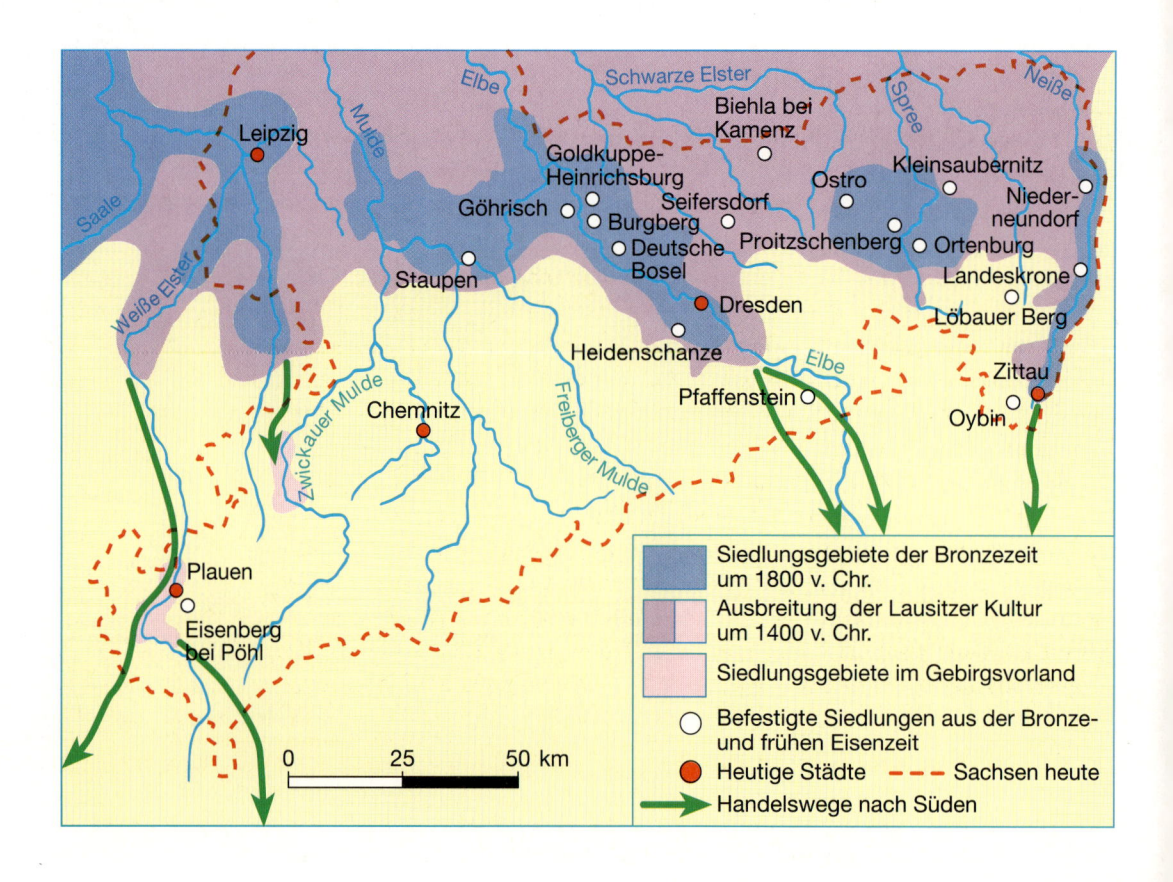

Sachsen in der Metallzeit

- Siedlungsgebiete der Bronzezeit um 1800 v. Chr.
- Ausbreitung der Lausitzer Kultur um 1400 v. Chr.
- Siedlungsgebiete im Gebirgsvorland
- Befestigte Siedlungen aus der Bronze- und frühen Eisenzeit
- Heutige Städte
- Sachsen heute
- Handelswege nach Süden

EXPEDITION GESCHICHTE

Auf den Spuren der Steinzeitmenschen

Auf unserer Expedition Geschichte wollt ihr sicher Abenteuer erleben. Hier könnt ihr nacherleben, wie mühselig, aber auch wie spannend es war, für sich selbst zu sorgen.

Der Wurfspeer

Sucht als erstes einen 1,5 bis 2 Meter langen Stock. Bringt ihn auf die richtige Länge und entrindet ihn. Dann könnt ihr ihn anspitzen. Wenn ihr einen länglichen, spitzen Stein findet oder einen Knochen aufsplittert, könnt ihr den Speer noch wirkungsvoller machen. Die Spitze müsst ihr mit Angelsehne befestigen.

Jetzt könnt ihr Wurfübungen veranstalten. Vielleicht malt ihr auf Pappe ein Mammut und versucht es zu treffen?

Ein Windschirm

Manchmal bauten die Steinzeitmenschen Schirme um einen Lagerplatz in offenem Gelände vor Wind zu schützen. Die Form dieser Schirme war sicherlich sehr unterschiedlich, denn sie hing ab von den Materialien, die zur Verfügung standen: von der Form der Stöcke, ob zur Abdeckung Zweige, Schilf, andere Sträucher oder vielleicht Tierfelle benutzt wurden.

Steckt als erstes die Größe des geplanten Windschirmes ab. Besorgt dazu 2-3 starke Äste von etwa 1,5 Meter Länge. Die müssen parallel in einer Reihe oder in einem kleinen Bogen in die Erde gerammt oder eingegraben werden.

Günstig ist, wenn eure „Grundpfosten" kurze Astgabeln haben. Jetzt müsst ihr nämlich je nach Höhe des Schirmes 2 oder 3 Stöcke als Querverbindungen einbauen, d.h. diese mit den senkrecht stehenden Ästen verbinden. Als Bindematerial nehmt dünne Schnüre. Nun könnt ihr Zweige oder Stengel von Gräsern oder Gebüschen zwischen die Äste flechten. Sollte der Schirm zu schwer werden, stellt von vorne zwei stärkere Äste als Stütze dagegen. Der Windschirm ist fertig und lädt ein zum Picknick!

Irgendwann kamen die Menschen auf die Idee eines doppelten Windschutzes: Zwei Windschirme wurden gegeneinander gestellt. Das Dach war damit erfunden. Nun war man auch von oben geschützt. Wenn ihr wollt, könnt ihr auch diese Erfindung noch nachbauen.

Eine Trinkschale aus Ton

Formt aus Ton zunächst eine Bodenplatte und rollt dann Tonklumpen, bis mehrere „Würste" entstehen. Legt diese übereinander und formt dann das Gefäß. Die „Würste" müsst ihr mit nassen Fingern möglichst glatt verstreichen. Nun könnt ihr die Schale verzieren, z.B. durch Einritzen von Mustern. Wenn sie an der Luft getrocknet ist, könnt ihr die Schale in einem Töpferofen brennen.

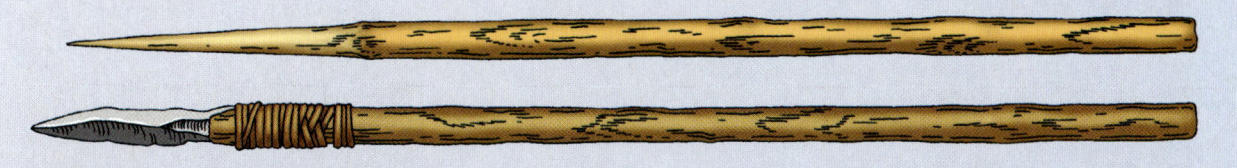

5 Vorgeschichte – vielleicht direkt in deiner Nachbarschaft

Es geschah im Herbst 1996. Zwischen Leuna und Chemnitz wurde eine Ölleitung gebaut. Bei den Vorbereitungsarbeiten stießen Bauarbeiter auf Bodenfunde. Archäologen begannen an der Stelle wenig später mit ihrer Arbeit. Sie hatten nur wenig Zeit, denn die Leitung sollte zügig fertiggestellt werden. Nicht einmal einen Meter tief hatten sie gegraben, als sie auf eine Reihe von Funden trafen. Etwa 7 000 Jahre alt sind Skelette und Grabbeigaben aus der Zeit der Bandkeramiker, die sie sichern konnten. Außerdem fanden sie Gräber, Gefäße und auch Brunnen, die aus der Bronzezeit stammen. Wie in vielen anderen Fällen war es auch hier: Es war nicht möglich, die Funde dort zu belassen, wo man sie gefunden hatte, und sie vielleicht an Ort und Stelle in einem Freilichtmuseum zu zeigen.

Nach sorgfältiger Arbeit der Archäologen vor Ort werden die Funde von Museen aufgenommen. Sie finden dort ihren Platz neben solchen, die vielleicht schon vor Jahrzehnten entdeckt wurden. So kannst du Spuren aus der frühesten Geschichte der Menschen in Sachsen in Ausstellungen von Museen in deiner Nähe, vielleicht direkt in deinem Wohnort, finden.

Einige sächsische Museen, die umfangreiche Sammlungen zur Vorgeschichte haben, stellen wir euch hier vor:

Das Landesamt für Archäologie Sachsen mit dem Landesmuseum für Vorgeschichte hat seinen Sitz im Japanischen Palais in Dresden. Deren Mitarbeiterinnen und Mitarbeiter leisten die Hauptarbeit beim Bergen neuer Funde auf sächsischem Gebiet. In der Sammlung gibt es Werkzeuge und Keramikgefäße. Darunter diese, die Bauernfamilien vor etwa 4 500 Jahren Angehörigen mit ins Grab gaben.

Japanisches Palais in Dresden

Stadtmuseum Bautzen

Im Stadtmuseum Bautzen gibt es eine Sammlung mit etwa 30 000 archäologischen Fundstücken aus dem Gebiet der Oberlausitz. In der Ausstellung findest du nur einen

Teil von ihnen, z.B. den Dolch sowie die Armreifen und Ringe, die bei Sollschwitz bzw. Coblenz gefunden wurden. Sie sind über 3 500 Jahre alt. An ihnen ist die für diese Zeit sehr kunstvolle Verwendung von Bronze für Geräte und Schmuck im Lausitzer Gebiet erkennbar. Ein originalgetreu wiederaufgebautes Steinkistengrab und andere rekonstruierte Gräber zeigen außerdem besonders anschaulich Bestattungssitten in der Bronzezeit.

In Leipzig findest du das Naturkundemuseum. Neben Ausstellungsteilen zur Tier- und Pflanzenwelt hat das Museum eine Abteilung, in der vorgeschichtliche Funde aus der unmittelbaren Umgebung Leipzigs zu sehen sind. Dazu gehören Werkzeuge, Waffen und Keramik, aber auch Schmuckgegenstände.

Auch andere Museen in Sachsen besitzen Funde aus der Vorgeschichte, z. B. das Vogtlandmuseum im Plauen oder die Stadtmuseen in Meerane, Hoyerswerda, Eilenburg und Aue. Aber nicht in jedem Fall sind die vorhandenen Stücke auch immer in der Ausstellung zu sehen. Es ist deshalb günstig, den Besuch als Klasse oder Gruppe mit dem Museum abzusprechen. Außerdem haben die meisten Museen wie das Naturkundemuseum Leipzig für Schülerinnen und Schüler besondere Angebote. Dazu gehören spezielle Führungen und auch Veranstaltungen. Dort kann z. B. jeder selbst einmal versuchen in den Techniken der Steinzeitmenschen Gefäße zu töpfern, Stoffe zu weben oder Werkzeuge herzustellen.

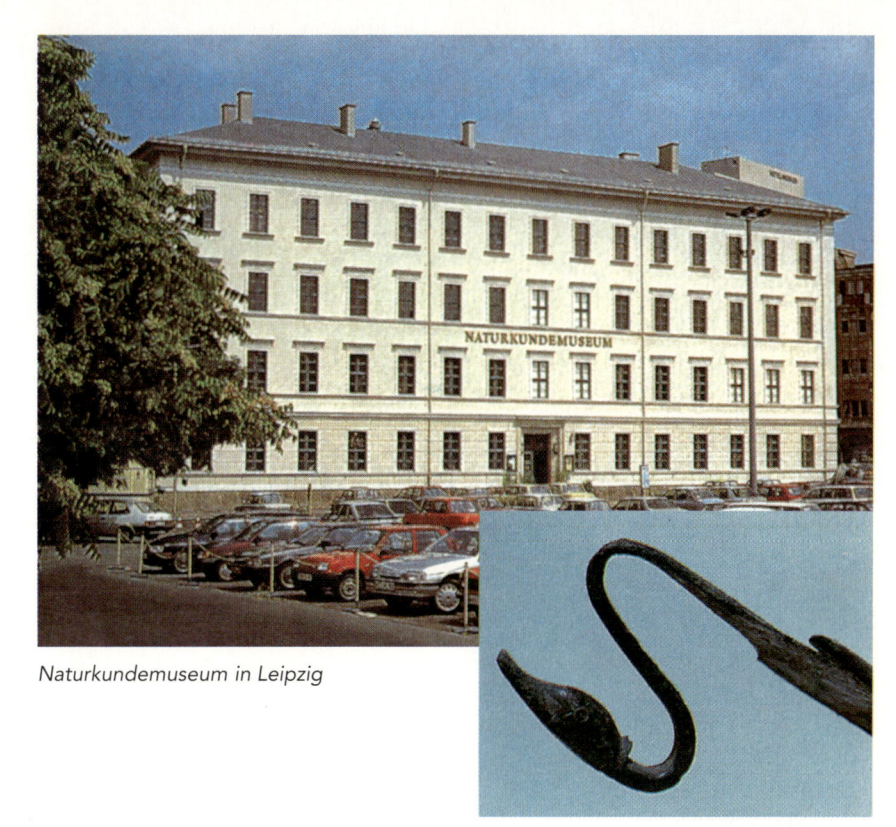

Naturkundemuseum in Leipzig

Dieser Griff eines Bronzetopfes aus dem 1. Jh wurde in Markleeberg gefunden. Er ist im Naturkundemuseum ausgestellt.

Wer wie ein Steinzeitmensch töpfern will, kann das z.B. im Naturkundemuseum Leipzig.

GESCHICHTE IM ÜBERBLICK

1 Million	350 000	300 000	40 000	35 000
Menschen benutzen einfache Steinwerkzeuge und „zähmen" das Feuer	Bei Bilzingsleben jagen Menschen der Altsteinzeit Nashörner und Elefanten	Sippen von Jägern und Sammlerinnen leben in Höhlen oder einfachen Zelten und Hütten	„Jetztmenschen" nachweisbar, die sich vom heutigen Menschen körperlich nicht unterscheiden	Höhlenmalerei und Jagdzauber: Der Mensch glaubt an überirdische Kräfte

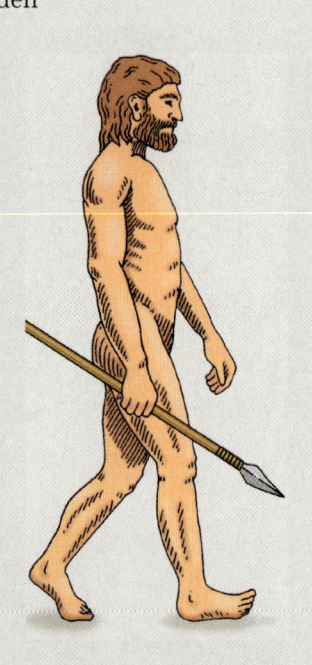

Zusammenfassung (Altsteinzeit):
- Vor 2 bis 3 Millionen Jahren änderte sich das Klima: Eiszeiten und Warmzeiten wechselten sich ab.
- Aus affenähnlichen Vorformen entwickelte sich allmählich der Mensch.
- Die Menschen lernten Steinwerkzeuge herzustellen und das Feuer zu „zähmen".
- Die Menschen ernährten sich von der Jagd und vom Sammeln.
- Windschirme, einfache Zelte und Höhlen dienten als Behausung.
- In Jagdzauber, Höhlenmalerei und Bestattungen äußerten sich erste religiöse Vorstellungen.
- Vor über 350 000 Jahren lebten bei Bilzingsleben in Thüringen Menschen der Altsteinzeit.
- Die ältesten Spuren von Menschen im heutigen Sachsen sind etwa 250.000 Jahre alt.
- Um ca. 40 000 v. Chr. sind die ersten „Jetztmenschen" nachweisbar.

Unsere Vorgeschichte

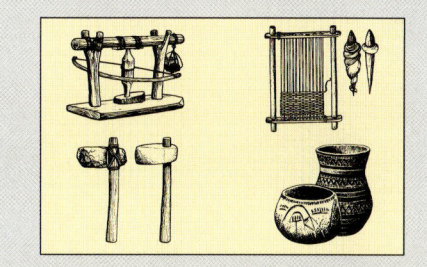

10 000	6 000	5 000	4 000	3 000
Die Menschen werden sesshaft: zuerst im Gebiet des „fruchtbaren Halbmondes"	Çatal Hüyük: Siedlung aus 139 Häusern. Menschen leben von Ackerbau und Viehzucht. Erste Tempelanlagen	Auch in unserer Region verbreiten sich Ackerbau und Viehzucht	Die Töpferei und der Webstuhl sind weitere Erfindungen der Jungsteinzeit. Bandkeramik in Sachsen.	Beginn der Metallzeit: Aus Kupfer und Zinn wird Bronze hergestellt

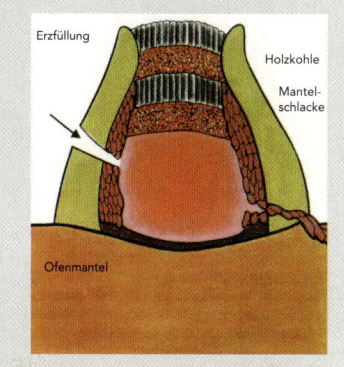

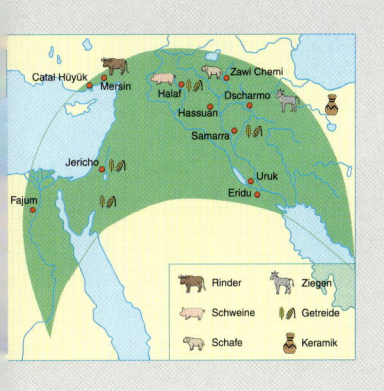

Zusammenfassung (Jungsteinzeit und frühe Metallzeit):
- Um ca. 10 000 v. Chr. wurden im „fruchtbaren Halbmond" die ersten Menschen sesshaft.
- Ackerbau und Viehzucht wurden zur Grundlage der Ernährung.
- Die Menschen bauten feste Siedlungen, wie z. B. Çatal Hüyük in der heutigen Türkei.
- In Tempeln wurden bestimmte Götter verehrt.
- Seit etwa 5 000 v. Chr. setzte sich die neue Lebensweise in unserer Region durch.
- Auch in China (ca. 5 000 v. Chr.) und Mittelamerika (ca. 3 000 v. Chr.) befanden sich wichtige Zentren früher Ackerbaukulturen.
- Um ca. 3 000 v. Chr. lernten die Menschen Metallgeräte aus Bronze herzustellen.
- Um ca. 1 600 v. Chr. hatte die Metalltechnik sich auch in unserer Region durchgesetzt.

3 Die frühen Hochkulturen

Rudolf Gantenbrink mit Miniroboter

Chephrenpyramide (links), Sphinx-Figur (Mitte), Cheopspyramide (rechts)

Die Entdeckung Gantenbrinks: Eine Tür mit Kupferbeschlägen

Wenn du an das alte Ägypten denkst, erinnerst du dich vielleicht zuerst an die Pyramiden. Tatsächlich wurden fast 100 errichtet. Die Pyramiden von Giseh (in der Nähe des heutigen Kairo) überragen die anderen an Größe und Baukunst. In einer wohl erstmals im 3. Jh. v. Chr. erschienenen Liste zählten sie zu den Sieben Weltwundern. Als einziges davon sind sie noch erhalten.

Für den Bau der vor rund 4500 Jahren errichteten Pyramiden wurden riesige Steinmassen verwendet. Der spätere französische Herrscher Napoleon soll während seines Ägyptenfeldzuges 1798/99 im Kopf schnell berechnet haben, dass man damit um ganz Frankreich eine Mauer hätte errichten können, die 3 m hoch und 0,5 m breit gewesen wäre. Nach anderen Überlegungen würden die aneinandergereihten Blöcke zwei Drittel des Erdumfangs ausmachen.

In 20 Jahren Bauzeit wurden für die höchste, die Pyramide des Königs Cheops, 210 Gesteinsschichten aufgetürmt – und das nur durch Muskelkraft und mit einfachen technischen Hilfsmitteln.

Ebenso bewundernswert ist die sorgfältige Abmessung der Seitenlängen, die mit einem Messstrick vorgenommen wurde und nur geringe Abweichungen aufweist.

Wissenschaftler haben immer wieder dieses Meisterwerk der Baukunst untersucht. Bekannt ist, dass Grabräuber in der Königskammer waren. Wo aber ist die Mumie geblieben, was ist mit ihr geschehen? Vor wenigen Jahren gelang Rudolf Gantenbrink eine Entdeckung. Sein ferngesteuerter Roboter in Schuhkartongröße, mit eingebauter Videokamera, durchfuhr einen 20 cm engen Schacht. An dessen Ende ließ die Videoaufnahme eine glattpolierte Tür mit verwitterten Kupferbeschlägen erkennen. Und da vor diesem Kalksteinverschluß eine feine Staubschicht liegt, vermuten britische Wissenschaftler dahinter einen Hohlraum mit eigener Luftzufuhr. Was sich tatsächlich hinter dieser Tür verbirgt, bleibt bis jetzt noch ein Rätsel.

A1 *Welche Vermutung hast du? Versuche deine Überlegung zu begründen.*

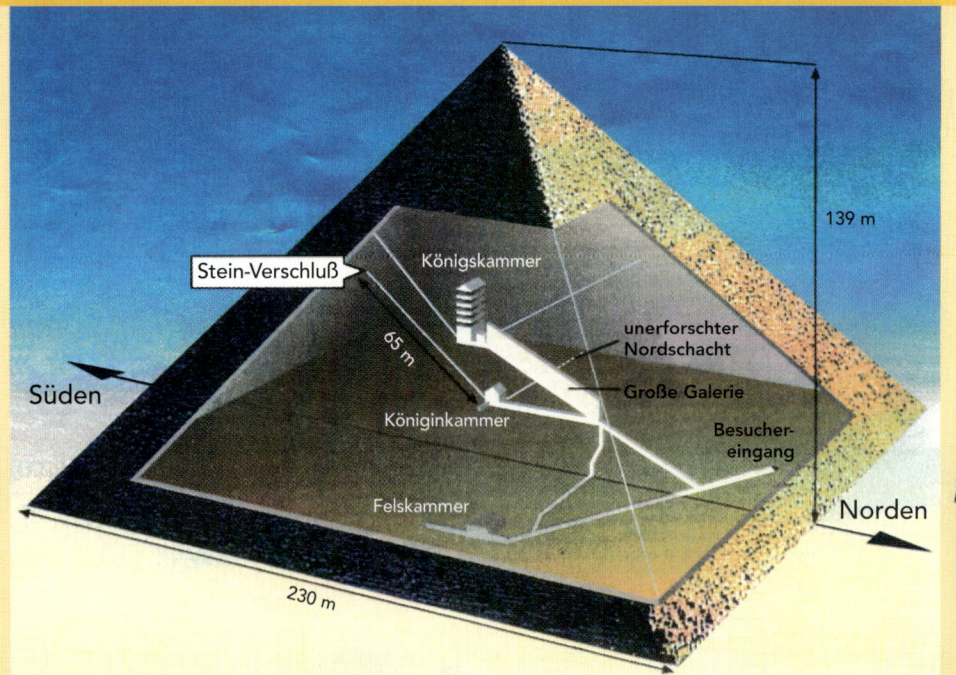

Im Innern der Pyramide

A1 *Stell dir vor, du leitest eine Reisegruppe. Organisiere eine Führung der Gruppe durch die Pyramide.*

An den Seiten der Pyramide befinden sich Bootsgruben. Hier fand man die Teile eines Königsbootes, das zusammengesetzt 43,30 m lang und 5,90 m breit ist. Was hat das zu bedeuten? Die Ägypter zu jener Zeit glaubten, dass nach dem Tod das ewige Leben beginnt.

Nach den Vorstellungen der Ägypter würde der König dazu bestimmt sein den Sonnengott Re auf seiner Reise in seinem Boot zu begleiten.

Der Sonnengott Re

Totenschiff des Cheops (Rekonstruktionszeichnung). Das Original befindet sich im Museum in Giseh.

Nillandschaft

dem Wort Kemet (das Schwarze). Alles, was nicht zum fruchtbaren Land gehörte, beschrieben sie mit einer einzigen Hieroglyphe 〰. Sie stand für Wüste, Gebirge und Ausland.

A1 *Beschreibe die Landschaft Ägyptens. Überlege, wo die Menschen ihren Lebensraum gesucht haben.*

A2 *Welche Bodenschätze oder Gesteinsarten sind hier zu finden? Wofür sind sie wohl verwendet worden?*

1 Altes Ägypten – Reich am Nil

1.1 Land und Staat der Ägypter

Um 3 000 v. Chr. wurden die Gebiete Ober- und Unterägyptens, wahrscheinlich als Folge von Kriegen, vereinigt. Das ägyptische Reich, von den Ägyptern als die beiden Länder bezeichnet, wurde im Westen durch die Libysche Wüste und im Osten durch das Rote Meer begrenzt. In der Nord-Süd-Ausdehnung erstreckte es sich zunächst vom Mittelmeer bis zum 1. Katarakt, einer unpassierbaren Stromschnelle des Nils. Durch Eroberungen erweiterten die Ägypter ihr Einflussgebiet bis Syrien im Norden und im Süden bis Obernubien (heute zum Sudan gehörig). Die alten Ägypter orientierten sich am Nil. Sie sagten für südlich stromauf und für nördlich stromab. Das Fruchtland bezeichneten sie mit

A Alabaster (Gipsart)
G Granit
K Kalkstein
T Tura-Kalkstein
▲ Pyramiden
— Ägyptisches Reich um 1500 v. Chr.
0 ——— 500 km

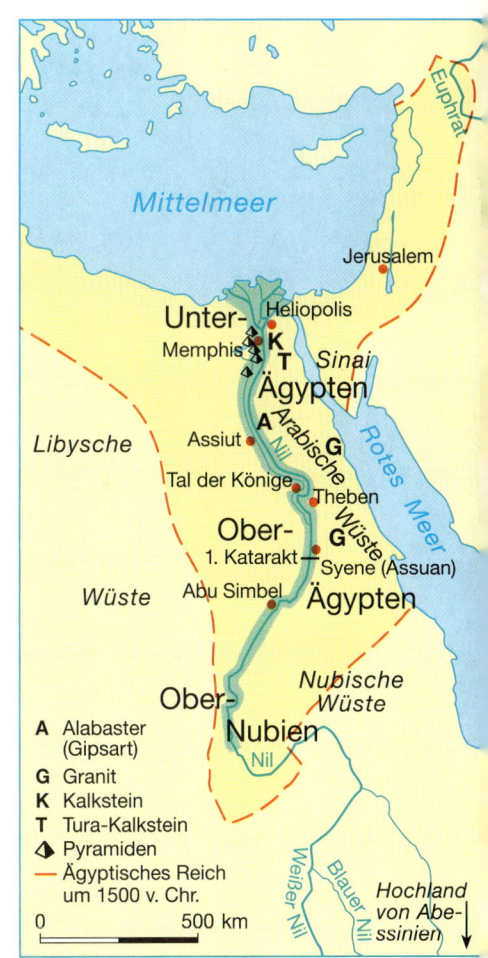

Karte des alten Ägypten

Flussbett vor der Nilschwemme
Überschwemmungsgebiet
Dammstraßen
Bewässerungskanäle

A3 *Übertrage den Querschnitt der Landschaft in dein Heft. Kennzeichne fruchtbares Land grün.*

Auf welche Weise wurde das Zusammenleben der Menschen geregelt?

Die Ägypter schufen eine Ordnung, die wir als Staat bezeichnen. Innerhalb dieser Ordnung hatte jeder an seinem Platz bestimmte Aufgaben zu erfüllen.

An der Spitze des altägyptischen Staates stand der König als Alleinherrscher. Dieses Amt wurde von Männern ausgeübt. Nur ganz wenige Frauen gelangten jemals an die Spitze des Staates. Der König, später auch Pharao (Großes Haus) genannt, wurde als Gott angesehen. Daher galten die Verpflichtungen aller ihm Untergebenen als Dienst für den großen Gott. Daraus ergab sich für den Pharao die Aufgabe die Ordnung im Lande zu gewährleisten. Das schloss die Versorgung der Lebenden und den Totenkult ein.

Beamte der Zentralverwaltung in Memphis, dem Sitz der ersten Könige, und in den einzelnen Landesteilen wurden mit verschiedenen Aufgaben betraut. Sie legten fest, wie viel Abgaben (Steuern) die Bauern zu leisten hatten. Sie kontrollierten die Vorräte in den staatlichen Speichern und überwachten die Steuerabgaben, die von Schreibern notiert wurden. Die staatlichen Arbeitsverpflichtungen als Dienst für den Pharao sicherten die Existenz eines großen Teils der Bevölkerung. Denn die Arbeitskräfte wurden mit Lebensmitteln und Kleidung versorgt. Das war zugleich Ausdruck einer Fürsorge, die dem religiösen Denken entsprach. Unter den Beamten nahm der Wesir die höchste Stellung ein. Er war Stellvertreter des Königs und stand an der Spitze der Beamten.

Die im Auftrage des Pharaos für den Königstotenkult angestellten Priester hatten die Aufgabe den Toten Speise- und Trankopfer darzubringen. Landbesitz sicherte die Versorgung des für den Totenkult angestellten Personals.

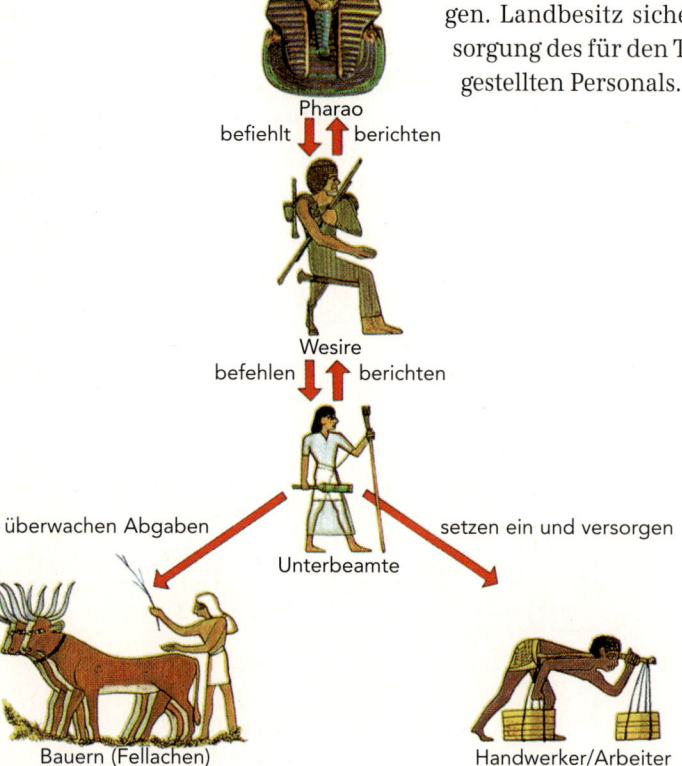

1.2 Was wäre Ägypten ohne den Nil?

Die Tage waren trocken und heiß, die Nächte dagegen kühl. Im Nildelta, wo zahlreich verzweigte Wasserarme ins Mittelmeer münden, regnete es jährlich ca. 25 Tage kurz, zum Teil auch heftig. In Oberägypten gab es überhaupt keinen Regen.

Deshalb erwarteten die alten Ägypter immer wieder mit Sehnsucht ein Ereignis, das sich im regelmäßigen Abstand von 365 Tagen und Nächten wiederholte.

Sie beobachteten, dass nach langer Trockenzeit der Nil etwa ab Mitte Juni mehr Wassermassen im Gebiet von Assuan mit sich führte. Diese breiteten sich flussabwärts aus und erreichten ungefähr drei Wochen später Memphis. Ab Mitte Juli begann der Strom meterhoch anzusteigen. Der Nil trat aus dem Flussbett und überflutete das gesamte Flusstal mit seinen Äckern und Gärten. Die Landschaft glich bis Mitte September einem langen, schmalen, gewundenen See, aus dem nur noch die höher gelegenen Häuser hervorragten. Danach begann der Wasserstand allmählich wieder abzusinken. Mitte Oktober tauchten die Felder wieder auf, auf denen sich eine fruchtbare Schlammschicht abgelagert hatte. Beamte des Pharaos vermaßen dann die Felder neu. Sie verteilten das Getreidesaatgut aus den staatlichen Speichern. Für die Bauern begann die Zeit der Bodenbearbeitung und schließlich der Aussaat. Schon wenige Monate später konnte die Ernte eingebracht werden.

Diese Beobachtungen am Fluss brachten die Ägypter dazu einen Kalender aufzustellen. Sie teilten das Jahr in drei Jahreszeiten zu vier

Pharao
befiehlt ↓↑ berichten

Wesire
befehlen ↓↑ berichten

überwachen Abgaben ← **Unterbeamte** → setzen ein und versorgen

Bauern (Fellachen)   Handwerker/Arbeiter

Monaten von dreißig Tagen ein: Überschwemmung, Aussaat und Ernte. Am Ende des Jahres fügten sie Zusatztage, die „fünf Überschüssigen" hinzu.

Die Ägypter konnten sich nicht erklären, warum die Flut wiederkehrte. Heute wissen wir, dass die Hauptursache dafür die Schneeschmelze in den Abessinischen Bergen ist, die zusammen mit den starken Niederschlägen im Frühjahr den Blauen Nil hoch ansteigen lässt. Priester, die sich speziell mit der Beobachtung von Sternen beschäftigten, bemerkten, dass ungefähr zeitgleich mit der Nilflut nach längerer Unsichtbarkeit der Stern Sirius vor Sonnenaufgang wieder aufleuchtete. Sie nahmen an, dass dieser Stern, von ihnen als Sothis (Eröffner des Jahres) bezeichnet, Einfluss auf die Nilüberschwemmung hatte. Sothis wurde als Göttin verehrt und in der Kunst als Frau im Boot mit Federschmuck oder Hörnerkrone dargestellt. Ihr zu Ehren wurde alljährlich das Neujahrsfest gefeiert.

An Nilmessern wurde der Wasserstand abgelesen

Das Sternbild des Hundes mit dem Stern Sirius

A1 Überlege, welche Bedeutung der Nil für die Ägypter hatte.

A2 Warum kannten die Ägypter nicht die Ursachen der Nilflut? Eine Hilfestellung: Miss auf der Karte S. 43 die Entfernung zwischen den Pyramiden und den Abessinischen Bergen. Wie viel km würde das entsprechen

A3 Übertrage die Tabelle vergrößert auf Papier. Trage in der mittleren Spalte auf den gestrichelten Linien die noch fehlenden Jahreszeiten der Ägypter ein. Ergänze nun die 1. Spalte: In welchen Monaten war die Zeit der Überschwemmung usw.?

Zeitraum von..., bis...	Zeit der	Einzelne Tätigkeiten der Bauern
1.	Überschwemmung	
2.	....	Pflügen (zum Teil mit Ochsen) Säen (Esel, Schweine oder Rinder treten die Saat fest)
3.	....	A B C D

1.3 Aus dem Leben der Bauern und ihrer Familien

Die Bauern lebten mit ihren Familien in Siedlungen in der Nähe der Felder, die sie zu bearbeiten hatten. Einfache Hütten dienten ihnen als Wohn- und Schlafstätten. Sie waren aus getrockneten Ziegeln erbaut, die aus einem Gemisch von Nilschlamm und Stroh bestanden. Die Familien ernährten sich von Rettich, Lauch, Schrotmehl mit Linsen und aßen die Fruchtkörner des Lotus. Ihre Hauptnahrungsmittel waren jedoch Brot und Bier. Sie tranken auch Milch von Kühen, Ziegen und Schafen. Das Öl der Rizinusstaude, später der Sesampflanze, wurde zum Kochen und zum Salben (Reinigung des Körpers) verwendet.

Die Arbeit auf den Feldern war sehr mühevoll und erforderte den Einsatz der ganzen Familie. Sogar die Kinder mussten bei der oft körperlich schweren Arbeit helfen. Wenn die Erntezeit nahte, erschienen Beamte mit Schreibern. Sie legten fest, wie viel Getreide die Bauern als Steuern in staatlichen Speichern abzuliefern hatten. Zu den Abgaben zählten auch Flachs sowie Obst, Wein und Gemüse (Gurken, Zwiebeln usw.) und außerdem Vieh (Gänse, Enten, Rinder, Schafe und Esel). Den Bauernfamilien selbst blieb nur ein geringer Rest des Ertrages, gerade eben ausreichend zu ihrer eigenen Ernährung – und manchmal nicht mal das.

Durch die Abgaben- und Vorratswirtschaft wurde die Versorgung der Beamten und der im Dienste des Pharaos tätigen Arbeiter und Handwerker gesichert. Die Bauern konnten außerdem zu anderen staatlichen Arbeiten verpflichtet werden, z. B. beim Bau von Pyramiden und Tempeln oder in Steinbrüchen.

A1 *Wofür wurde ein Teil der bäuerlichen Produktion verwendet? Trage das in der 2. Spalte der Tabelle an entsprechender Stelle ein.*

Schreiber bei der Viehzählung (Holzmodell aus dem Grab eines Beamten, um 2100 v. Chr.)

GEWUSST WIE!

Was ist eine Rekonstruktionszeichnung?

Im Geschichtsbuch findest du eine Reihe solcher Abbildungen. Ihre Besonderheit besteht darin, dass sie nicht aus der Zeit, die sie darstellen, stammen. Sie wurden von heute oder jedenfalls viel später lebenden Zeichnern geschaffen. Ihnen liegen aber schriftliche oder bildhafte Quellen aus der damaligen Zeit zu Grunde. Eine Rekonstruktion soll wissenschaftlich sein, also die Einzelheiten, die man aus der Vergangenheit kennt, werden genauestens beachtet. Der Vorzug von Rekonstruktionen besteht darin, dass sie in der Regel ein viel lebendigeres Bild der Vergangenheit vermitteln. Oft sind Menschen bei einer für uns interessanten Tätigkeit dargestellt.

Wir wollen die vorliegende Rekonstruktion mit einem Modell aus damaliger Zeit (einem Kinderspielzeug) und dem damals entstandenen Bild eines Bauern bei der Feldarbeit vergleichen:

Pflügender Bauer (Rekonstruktionszeichnung)

- Die Ochsen vor dem Pflug sahen wirklich so aus und zogen so auch den Pflug.
- Der Pflug sah so aus und der Bauer musste ihn mit aller Kraft in den Boden stemmen.

Wir halten fest:
Die Auswertung einer Rekonstruktion erfolgt so, wie du es für die Auswertung von Bildern schon gelernt hast. Vorher solltest du aber wissen, ob es eine Rekonstruktion ist, und dann berücksichtigen, dass auch Rekonstruktionen immer ein Stück Fantasie des Zeichners enthalten. Daraus können sich Fehlerquellen ergeben. Daher muss man jede Rekonstruktion kritisch betrachten.

Bauer bei der Feldarbeit. Seit etwa 2500 v. Chr. war der Pflug im alten Ägypten bekannt.

Modell eines Ochsengespanns (Kinderspielzeug)

Lesen aus Bildern

Hier malten Handwerker (das Wort Künstler kannten die alten Ägypter nicht) Begebenheiten aus dem Leben von Bauern. Dabei steht die Ernte im Vordergrund.

A1 Beschreibe die einzelnen Szenen. Suche geeignete Bildunterschriften. Notiere die einzelnen Tätigkeiten der Bauern (von A bis D) in der 3. Spalte deiner Tabelle.

A2 Nicht selten ließen sich die Beamten auf Wandmalereien in ihren Gräbern selbst darstellen. Kannst du solche Szenen entdecken? Woran erkennst du den Beamten?

A3 Berichte, was du nun über die Arbeit der Bauern weißt. Beziehe die von dir erstellte Tabelle und die Bilder ein.

Wandmalerei im Grab eines Beamten (um 1400 v. Chr.)

?

Ein Bauer wird verprügelt. Warum wohl?

Beamte des Pharao (Schreiber) notieren die Erträge

D Worfeln, das heißt das Korn wird durch Hochwerfen von der Spreu getrennt

C Dreschen mit …

A

B

?

?

Die Nilschwemme erreichte nicht in jedem Jahr den gewünschten Hochwasserstand von 16 Ellen, für den die Menschen beteten. (Elle = ägyptische Maßeinheit seit ca. 2700 v. Chr.; 1 Elle = 52,2 cm)

Ein Römer, Plinius der Ältere (1. Jh.), formulierte viele Jahrhunderte später das Problem der unterschiedlichen Wasserstände so:

Q1 *„Bei 12 Ellen Hunger, bei 13 Genüge, bei 14 Freude, bei 15 Sicherheit, bei 16 Überfluss."*
(Nack, E., Ägypten ..., S. 21)

Wie haben die alten Ägypter dieses Problem zu lösen versucht? Mit der Entwicklung der Hieroglyphenschrift (seit etwa 3000 v. Chr.) sind schriftliche Quellen entstanden, die Auskunft geben über das Leben im alten Ägypten. So verweisen Schriften (seit Ende des 3. Jahrtausends v. Chr.) auf eine wichtige Erfindung, die zu Veränderungen in der Landwirtschaft führte.

Q2 Grabinschrift von Cheti I.
„Ich habe dieser Stadt eine Gabe dargebracht. Der Kanal von 10 Ellen wurde verstopft. Ich grub ihn für die Äcker, ich errichtete ein Schleusentor, ihn als etwas Nützliches, das bleibt in der Not ...
Ich belebte die Stadt, ich war ein Rechner beim Verbrauch an Getreide ...
Ich machte einen Kanal für diese Stadt, während Oberägypten in schwieriger Lage war und es dort keinen gab, der Wasser gesehen hätte ...
So war ich reich an Getreide, als das Land in Not war durch mangelhafte Überschwemmung ..."
(Brunner, H., Die Texte aus den Gräbern ..., S. 29 f.)

GEWUSST WIE!

Wir befragen Aufzeichnungen der Ägypter

Welche Fragen muss man an Texte stellen, wenn wir sie erschließen wollen?

1. Wann ist der Text entstanden? Wo ist er gefunden worden?
2. Wer hat ihn verfasst? Was wissen wir über den Verfasser?
3. An wen richtet sich der Text?
4. Worüber wird im einzelnen berichtet? Wie lässt sich der Inhalt kurz beschreiben?
5. Welche Wertungen enthält der Text? Was fällt auf?
6. Wie ordnen sich die Aussagen des Textes in unser Wissen über diesen Sachverhalt ein?

Um die Fragen beantworten zu können müssen wir allerdings etwas mehr über diese Zeit wissen, als du jetzt darüber wissen kannst. Wir wollen daher einmal vormachen, was man aus der Grabinschrift von Cheti I. herauslesen kann.

Zu 1-3: Die Grabinschrift stellt vermutlich einen Teil eines Lebensberichts dar. In der Geschichte des alten Ägypten gab es Zwischenzeiten, in denen einzelne Wohlhabende, Adlige, über kleinere Landesteile herrschten.

Cheti I. von Siut war ein Gaufürst, der am Ende des 3. Jahrtausends v. Chr. in der Gegend des heutigen Assiut regierte. In dieser Zeit entstand die Grabinschrift, die er wahrscheinlich selbst verfasst hatte und von Kunsthandwerkern in Stein einmeißeln ließ um sich damit ein Denkmal zu setzen.

Zu 4: Er berichtet, dass ein Kanal verstopft wurde. Er ließ ihn neu mit einem Schleusentor errichten um die Äcker in schwierigen Zeiten überfluten zu können. Trotz niedriger Nilüberschwemmung war es dadurch möglich geworden Wasser zu speichern und so eine reiche Ernte einzubringen.

Zu 5: Es fällt auf, dass der Verfasser alle Taten auf sich bezieht, selbst den Bau des Kanals. Entspricht das der Wirklichkeit? Er preist die Vorzüge seines Kanals, während es in Oberägypten seiner Meinung nach noch keinen gab.

Zu 6: Auch weitere Quellen weisen darauf hin, dass um 2000 v. Chr. die künstliche Bewässerung aufkam und sich der Bewässerungsbodenbau entwickelte. In Bassins wurde Wasser angestaut. Erst Jahrhunderte später wurde ein Schöpfwerk entwickelt, wodurch auch höher gelegene Felder bewässert werden konnten. Der Bau von Kanälen und ihre Instandhaltung war nur möglich durch eine organisierte Gemeinschaftsarbeit, an der Bauern und Arbeiter beteiligt waren. Cheti I. hatte sich und sein Lebenswerk rühmen wollen. Das war in jener Zeit offenbar so üblich, was auch andere Grabinschriften belegen.

A1 Erkläre, wie das Schöpfwerk funktioniert.

A2 Was hatte sich in der Landwirtschaft verändert? Trage die Neuerung in das obere Kästchen der 2. Tabellenspalte ein.

1.4 Vom Glauben der Ägypter

1.4.1 Götter und Totengericht

In den Vorstellungen der Ägypter gab es nicht nur einen, sondern eine Vielzahl von Göttern. So meinten sie, dass die Naturerscheinungen, wie z. B. Himmel und Erde, Sonne und Sterne oder auch der Nil, übernatürliche Kräfte besaßen. Selbst den Tieren maßen sie göttliche Kräfte bei, die sie einerseits fürchteten, wie z. B. das Krokodil, die Schlange und den Löwen. Andererseits schätzten sie das Rind und den Hund wegen ihrer guten Eigenschaften. Mit Beginn des ägyptischen Reiches erhielten die Götter im Denken der Menschen einen menschlichen Körper, z.T. mit einem Tierkopf. Ihnen wurden bestimmte Aufgaben beigemessen: Thot galt als Schutzgott der Ärzte und Schreiber sowie als Erfinder der Schrift. Hathor war die Göttin der Liebe und Beschützerin der Frauen während der Geburt. Anubis, in Menschengestalt mit Schakalskopf, galt als Einbalsamierungsgott.

Die Ägypter glaubten an ein Weiterleben nach dem Tod. Etwa 4000 Jahre alte Abbildungen bezeugen die Vorstellung, dass ein göttliches Gericht das Herz des Verstorbenen auf eine Waagschale legt und prüft, ob er im Diesseits nach menschlichen Grundsätzen gehandelt hatte, zum Beispiel den Hungrigen Brot gegeben hatte. Nach Meinung der Ägypter entschieden dann die Götter über das ewige Leben im Jenseits.

Ein Bauer am Wasserschöpfwerk. Das Schöpfwerk war eine Weiterentwicklung in der Bewässerungstechnik. Grabmalerei um 1250 v. Chr.

Darstellung des ägyptischen Totengerichtes. Die Verstorbene wird vor ein Totengericht geführt. In Anwesenheit von Göttern wird das Herz der Verstorbenen gegen die Feder der Göttin Maat gewogen, die die rechte Weltordnung, Gerechtigkeit und Wahrheit verkörpert. Das Ergebnis der Prüfung: Sie soll wieder zum Leben erweckt werden.

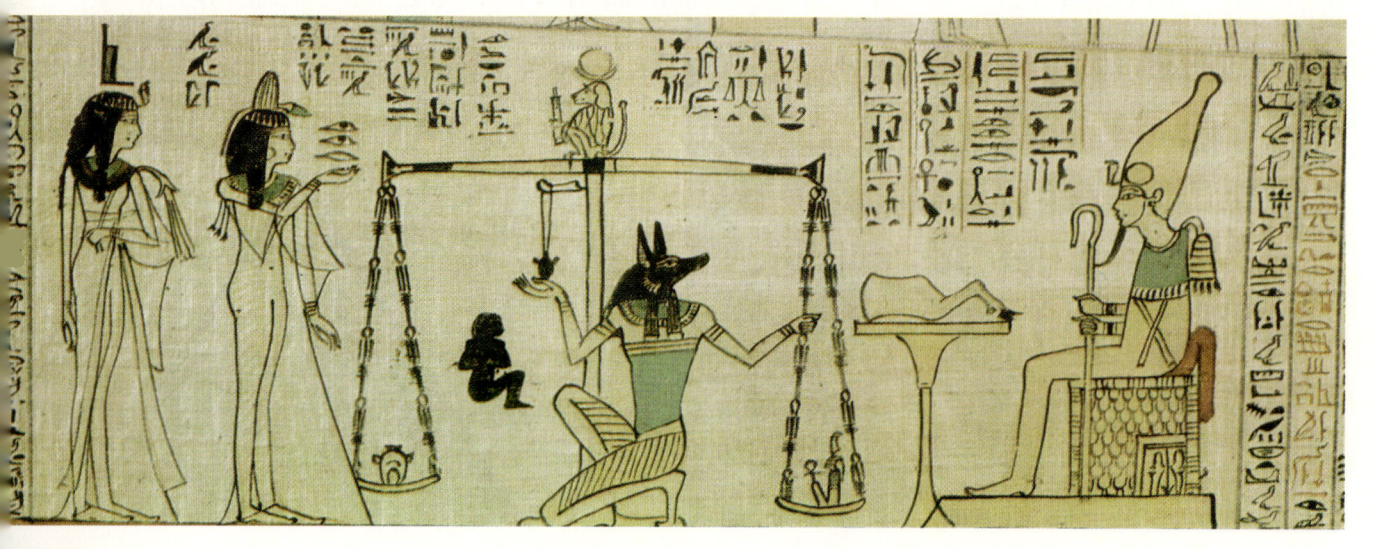

1.4.2 Der Pyramidenbau – Königsgräber als Staatsangelegenheit

Auch die Pyramiden sind Ausdruck der Religion der Ägypter. Sie sind die Gräber der Pharaonen, die in früher Zeit selbst als Götter galten. Wie das Schaubild der Cheopspyramide zeigt, war der Bau der Pyramiden mit gewaltigem Aufwand verbunden.

Als Achet-Chufu (Horizont des Cheops) wurde die Pyramidenanlage mit der dazugehörigen Residenz des Königs bezeichnet. Gemeint war offenbar der Westen des Niltals, wo die rote Sonnenscheibe jeden Abend unterging.

> **A1** Man kann den Aufbau einer Gesellschaft auch als Pyramide darstellen. Versuche dies mit den in diesem Kapitel genannten Personen. 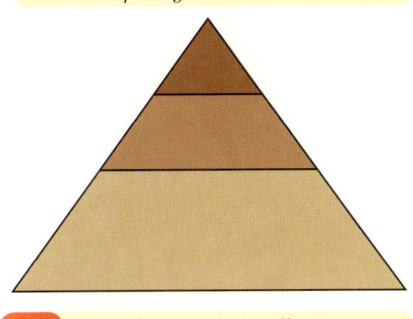
>
> **A2** Finde heraus, was alles zum Bauplatz gehörte und worin die Aufgaben im Einzelnen bestanden.
>
> **A3** Suche die Begräbnisstätten. Wo und wie wurden der Pharao, die Beamten und die Arbeiter bestattet? Was kannst du daraus über die Stellung dieser Personen in der Gesellschaft ablesen?

Anhand der vorliegenden Quellen ist es schwierig das vergangene Geschehen zu rekonstruieren. Die Meinungen von Wissenschaftlern zu der Frage, wie dieses gewaltige Bauwerk errichtet wurde, gehen weit auseinander. Dabei ist man sich darüber einig, dass auf diesem kleinen Gebiet Tausende von Menschen untergebracht waren. Im Kunsthandwerkerviertel wohnten qualifizierte Facharbeiter wie Skulpturenmacher und Reliefzeichner. In den daneben befindlichen Hütten schliefen Maurer, Steineschlepper sowie Hilfsarbeiter.

Nahe den Wohnstätten befanden sich Versorgungsmagazine und Werkstätten, in denen Werkzeuge,

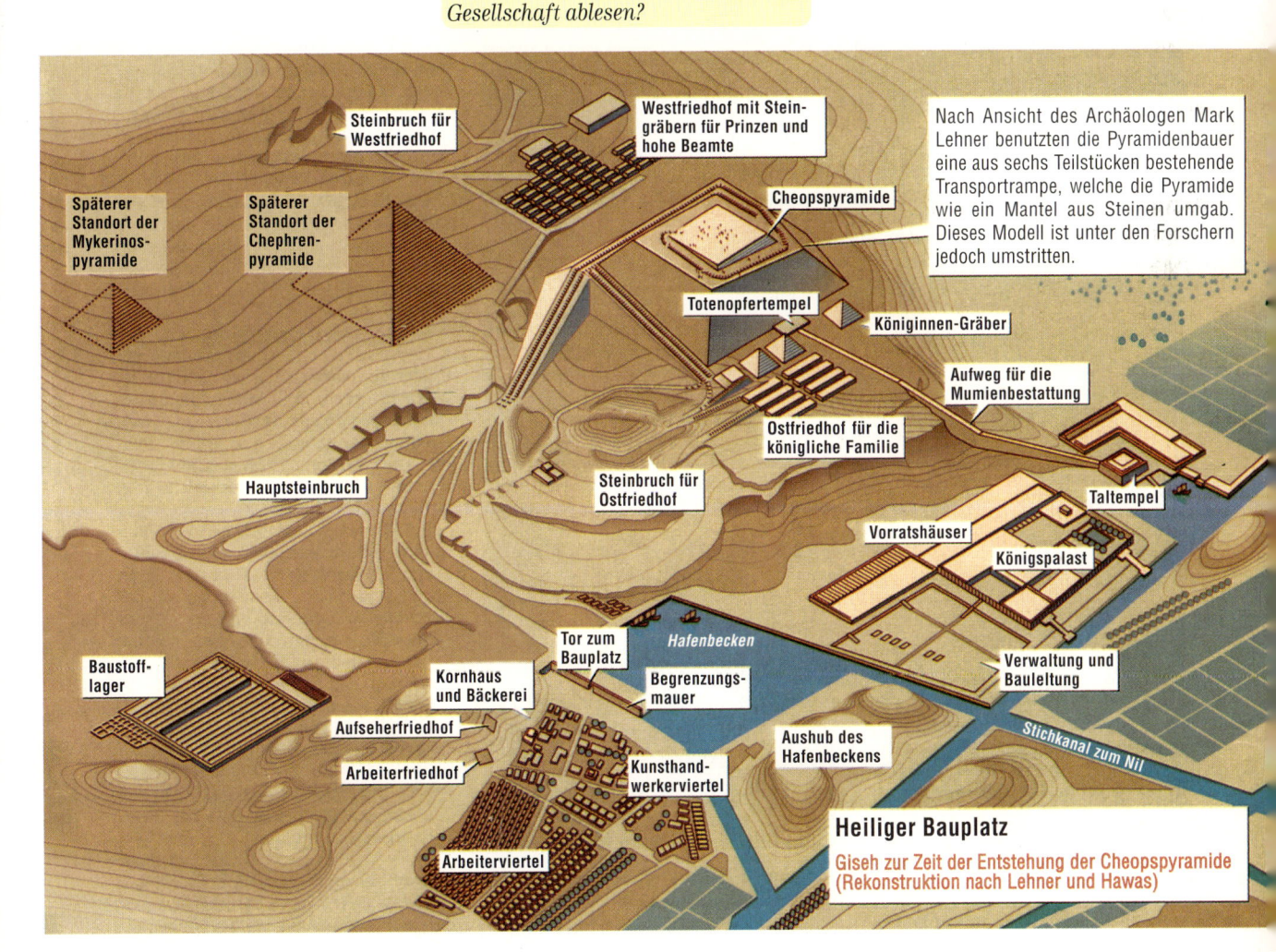

Nach Ansicht des Archäologen Mark Lehner benutzten die Pyramidenbauer eine aus sechs Teilstücken bestehende Transportrampe, welche die Pyramide wie ein Mantel aus Steinen umgab. Dieses Modell ist unter den Forschern jedoch umstritten.

Heiliger Bauplatz
Giseh zur Zeit der Entstehung der Cheopspyramide (Rekonstruktion nach Lehner und Hawas)

Beschriftungen auf dem Schaubild:
- Steinbruch für Westfriedhof
- Westfriedhof mit Steingräbern für Prinzen und hohe Beamte
- Späterer Standort der Mykerinospyramide
- Späterer Standort der Chephrenpyramide
- Cheopspyramide
- Totenopfertempel
- Königinnen-Gräber
- Aufweg für die Mumienbestattung
- Hauptsteinbruch
- Ostfriedhof für die königliche Familie
- Steinbruch für Ostfriedhof
- Taltempel
- Vorratshäuser
- Königspalast
- Tor zum Bauplatz
- Hafenbecken
- Verwaltung und Bauleitung
- Baustofflager
- Kornhaus und Bäckerei
- Begrenzungsmauer
- Aufseherfriedhof
- Aushub des Hafenbeckens
- Stichkanal zum Nil
- Arbeiterfriedhof
- Kunsthandwerkerviertel
- Arbeiterviertel

z. B. Meißel und Holzschlitten, für den Transport der Steinblöcke hergestellt wurden.

Schon im Morgengrauen, bekleidet mit Leinenschurz und Sandalen, erhielten die Arbeiter die tägliche Essenration, bevor sie durch das Tor den Bauplatz betraten. Entsprechend den Anweisungen der Bauleitung wurden sie in Mannschaften aufgeteilt, deren Arbeit von Aufsehern überwacht wurde.

Untersuchungen an Skeletten, die vom Arbeiterfriedhof stammen, ergaben, dass die Männer im Durchschnitt nicht älter als 30–35 Jahre alt geworden sind. Knochenveränderungen deuten auf eine dauerhafte Schwerstarbeit hin.

Von wo wurde das Baumaterial herbeigeschleppt?

Für den Bau der Grabkammern wurde Granit, ein hartes Gestein, verwendet, das z. T. aus weiter Entfernung herangeschafft werden musste. Mit Tura-Kalkstein waren einst die Seitenflächen verkleidet gewesen. Im Gebirge sind noch heute Einstiegslöcher zu sehen, die zu 40 Meter tiefen Schächten führen, aus denen das Gestein gefördert wurde.

A1 Beschreibe die Arbeit im Steinbruch.

A2 Vergleiche, wie heute solch schwere Arbeiten durchgeführt werden.

A3 Der Granit stammte aus der Nähe von Assuan. Überlege, auf welchem Wege und mit welchen Transportmitteln er befördert wurde. Sieh dir dazu die Karte (S. 43) und die Skizze des Bauplatzes (S. 51) an.

Altägyptischer Steinbruch (Rekonstruktion)

EXPEDITION GESCHICHTE

Vergangenes besser verstehen und darstellen

Unsere unmittelbare Vergangenheit kann man über Dokumentarfilme wahrnehmen. Die technischen Voraussetzungen dafür wurden erst Anfang unseres Jahrhunderts geschaffen. Für die Zeit davor müssen sich Historiker auf andere Quellen stützen um die Vergangenheit rekonstruieren und Geschichte schreiben zu können. Dabei benutzen sie Zahlen um Größenverhältnisse, Gewichte, Entfernungen usw. zu verdeutlichen. Doch oftmals fällt es schwer sich das selbst vorzustellen und anderen zu erklären.

Dafür gibt es einen Trick: Man vergleicht diese Zahlen mit Größen, die einem aus der eigenen Umgebung bekannt sind, von denen man also schon selbst eine Vorstellung hat.

Die folgenden Aufgaben stellen ein Angebot dar. Du kannst sie allein oder in Gruppen mit anderen bearbeiten. Suche nach geeigneten Hilfsmitteln und anderen Vergleichspunkten. Überlege auch, in welcher Form du deine Ergebnisse vorstellen willst (Text, Zeichnungen, Skizzen usw.).

A Höhe der Cheopspyramide

Vergleiche die Höhe der Cheopspyramide (heute 137 m) mit der deiner Schule. (Miss die Höhe deines Klassenraumes und bedenke die Anzahl der Stockwerke.)

Welche anderen Bauwerke kannst du zum Vergleich heranziehen (z.B. den Eiffelturm, das Völkerschlachtdenkmal, den Berliner Fernsehturm)?

Skizziere die Bauten auf Millimeterpapier. Bedenke den Maßstab: 10 m in der Natur = 1 cm auf dem Papier.

Überlege dir für die weiteren Aufgaben, welche Hilfsmittel am besten geeignet wären (Stoppuhr, Bandmaß, Kilometerzähler am Fahrrad, Zirkel, Stadtplan, Atlas, Lexikon u.a.).

B Grundfläche der Pyramide und ihr Umfang

Stecke die Ausmaße (Seitenlänge heute 227,5 m) im Freien ab. Fertige eine Skizze an mit den Gebäuden und Straßenabschnitten, die auf dieser Fläche Platz hätten. Benutze dazu z.B. einen Straßenplan deines Wohngebietes.

Vergleiche die quadratische Grundfläche der Pyramide mit anderen Flächen (z.B. Fußballfeld, Marktplatz u.a.).

C Gewicht der Steinblöcke

Die meisten Steinblöcke wiegen annähernd 3 t. Vergleiche das z.B. mit dem Gewicht eines PKW.

Beispiel: Plan des Parks Sanssouci in Potsdam (Ausschnitt) mit der vergleichenden Markierung der Grundfläche der Cheopspyramide

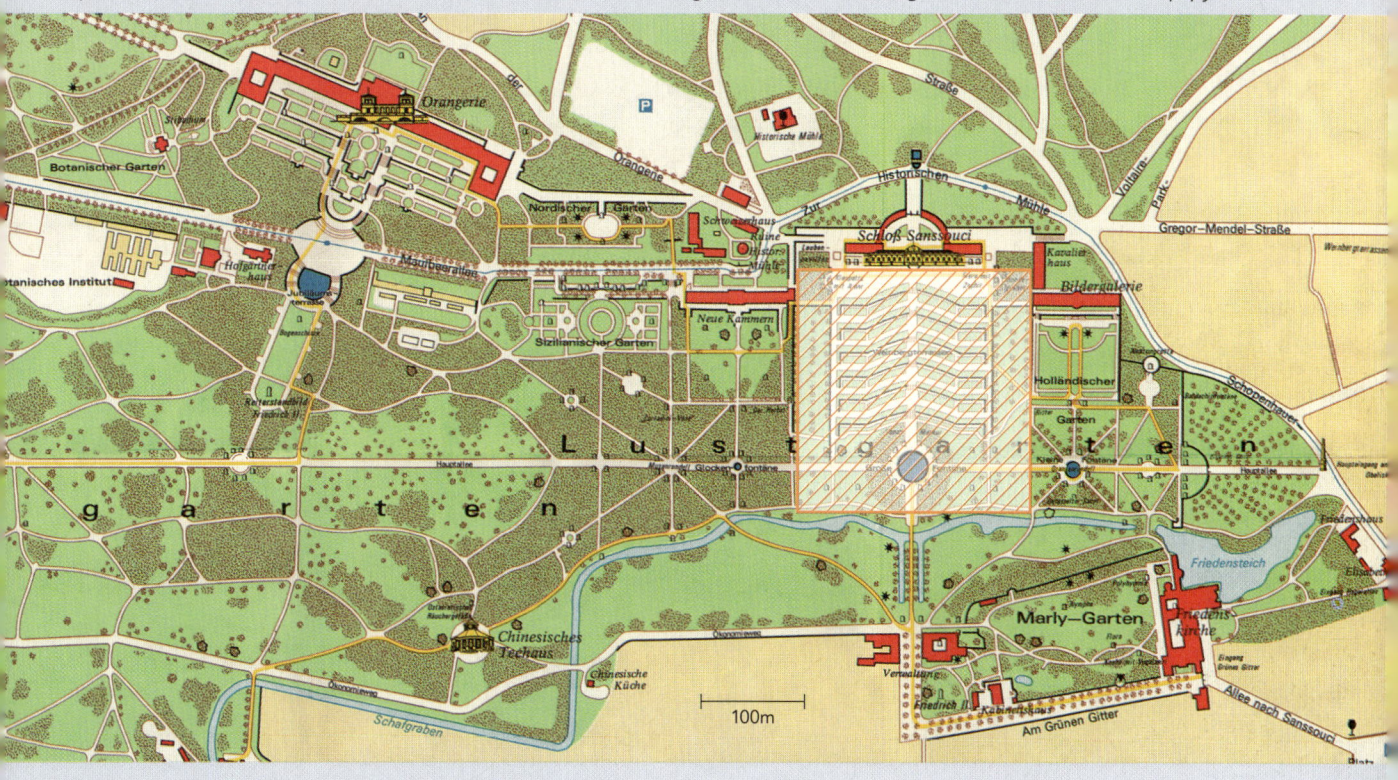

1.4.3 Tempel im alten Ägypten

A1 *Beschreibe die Anlage des Tempelbezirks.*

Die Tempel waren Wohnstätte der Götter. Im Haupttempel befand sich im Allerheiligsten (Schrein) das Standbild des Ortsgottes. Zahlreiche Priester, die in diesem abgegrenzten Bezirk ihre Unterkünfte hatten, sorgten für den täglichen Dienst am Gott.

Der jeweils dafür eingeteilte Priester reinigte sich zuvor im heiligen See. Danach durchschritt er die Räume und öffnete die Türflügel zum Allerheiligsten. Der Priester warf sich vor der Statue zu Boden und beweihräucherte sie. Danach wurde die Götterstatue mit Öl betupft (gereinigt) und angekleidet. Schließlich setzte man ihr eine vollständige Mahlzeit vor, ehe sie wieder in den Schrein kam, dessen Türen versiegelt wurden. Diese Handlung vollzog sich dreimal täglich, immer nach den gleichen Vorschriften (Ritual). Der Gottesdienst galt als geheim. Die Bevölkerung war davon ausgeschlossen.

Die Bevölkerung durfte sich nur besonderen Statuen oder Stelen (Säulen) am Tempeleingang nähern. Hier konnte sie ihre Bitten, z.B. um Heilung von einer Krankheit, vortragen. Zum Dank widmeten die Menschen ihren Göttern Geschenke. Mindestens einmal im Jahr verließ der Gott des Ortes mit großem Prunk den Tempelbezirk. Auf prächtig geschmückten Barken stand unter einem Baldachin die Statue. Der Festzug wurde von einem Tamburinspieler an der Spitze und den Priestern begleitet.

Die Bevölkerung aus der näheren Umgebung kam um an den Festen teilzunehmen.

Die Priester im weißen Gewand, mit rasiertem Schädel hoben sich nicht nur äußerlich von allen anderen ab. Innerhalb der ägyptischen Gesellschaft nahmen sie eine besondere Stellung ein. Das Priesteramt wurde mit Nahrungsmitteln oder Feldern vergütet. Priester waren auch von anderen Dienstverpflichtungen befreit. Als Berater des Pharaos nahmen sie sogar Einfluss auf die Politik.

Aus der Lebensbeschreibung des Hohepriesters Bek-en-chons, der unter den Königen Sethos I. und Ramses II. (um 1300 v. Chr.) lebte:

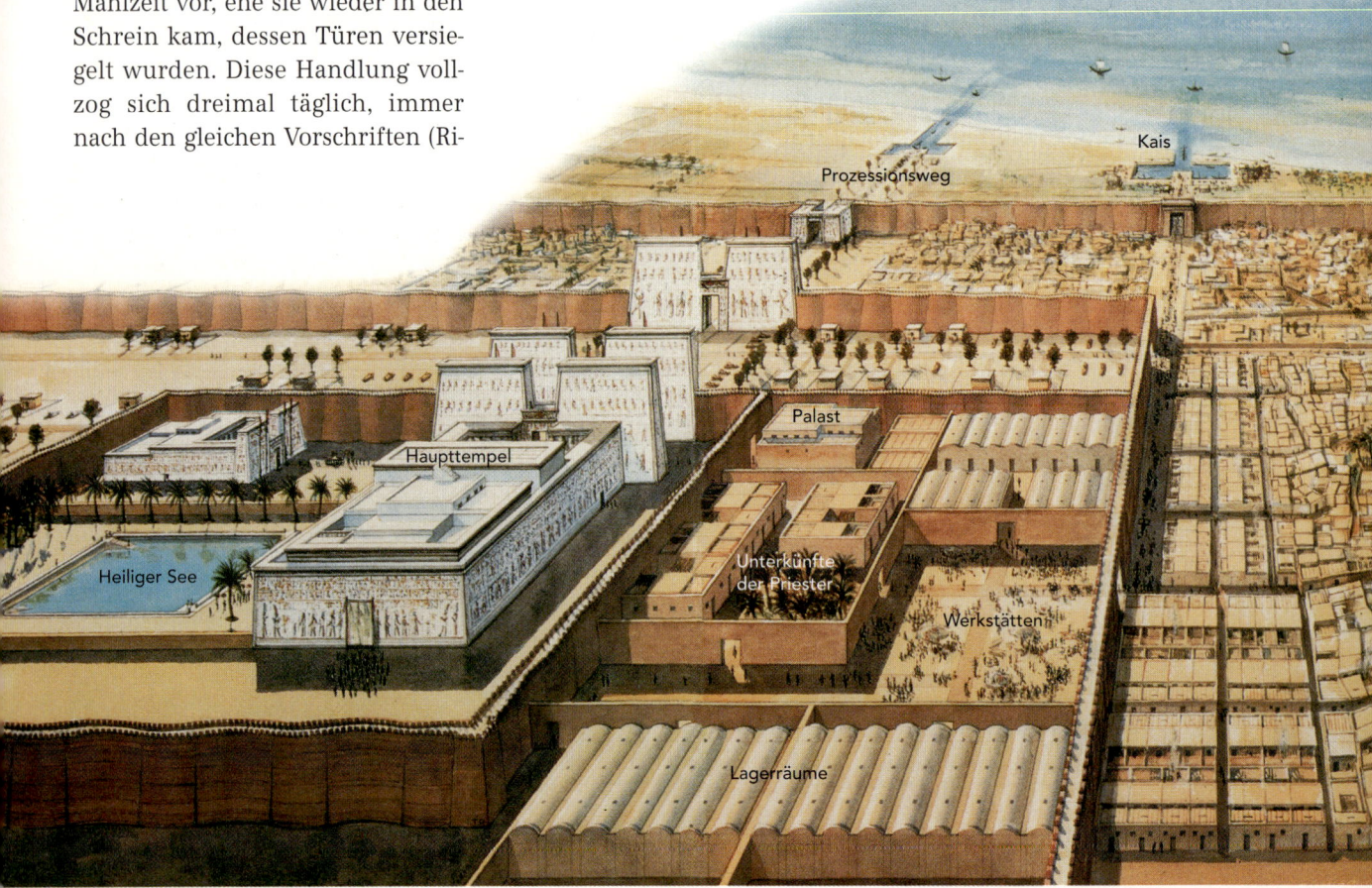

Horus, Welt- und Lichtgott, Beschützer der Kinder

Hathor, Göttin der Liebe

Osiris mit Krummstab, Geißel und Königskrone. Gott der Toten (aber auch Symbol für das Leben nach dem Tod)

Q1 „Er (Ramses II.) lobte und erkannte mich in meiner Vortrefflichkeit; (deshalb) ließ er mich 27 Jahre lang erster Prophet des (Gottes) Amon sein. Ich war ein guter Vater für meine Untergebenen ... Ich war ein großer Baumeister in Theben für seinen (des Amon) Sohn, ... König Ramses II., der Denkmäler errichtet für seinen Vater Amon ... Ich tat Gutes im Amonhause und war ein Baumeister für meinen Herrn (Amon). Ich baute ihm den Tempel des Ramses, der die Bitte erhört ... Oh ihr Propheten, Gottesväter und Priester des Amontempels, spendet meiner Statue Blumensträuße und sprengt Wasser für mein Bild."
(Amon = Sonnengott)
(Roeder, G., Aus dem Leben vornehmer Ägypter, S. 91 ff.)

A1 Überlege dir, welche Fragen du an den Text stellen möchtest. (Vergleiche dazu den Vorschlag S. 49)

A2 Achte darauf, welche Aufgaben der Hohepriester aufzählt.

A3 Vergleiche diesen Teil der Lebensbeschreibung mit der Grabinschrift von Cheti I., S. 49.
Worin siehst du Ähnlichkeiten?

Unter den Priestern waren auch zahlreiche Spezialisten im Tempel tätig, z. B. Astronomen (Beobachter von Sternen) oder Tempelärzte, die sich offenbar um alle sorgten und auch Hausbesuche durchführten.

In vielen Tempeln gab es Schulen, in denen der Priesternachwuchs schreiben und rechnen lernte und sich mit der Götterlehre beschäftigte. Geschrieben wurde auf Papyrus, das man aus der gleichnamigen Pflanze herstellte.

A4 Fasse zusammen, was du über die Tempel erfahren hast.

1.4.4 Die Kunst der Mumifizierung

Während der ersten Jahrhunderte der ägyptischen Geschichte wurden die Körper von Verstorbenen nicht mumifiziert, sondern bestenfalls einbalsamiert mit Kräutern, Ölen und Salben, schließlich mit langen Leinenstreifen umwickelt. Erst um 2600 v. Chr. entdeckten die Ägypter, dass sie die Eingeweide entfernen mussten um den Körper vor Verwesung zu schützen. Im Grab der Königin Hetep-heres, der Mutter des Cheops, entdeckten Forscher einen Steinblock mit vier Aushöhlungen. In jeder befand sich ein flaches Leinenpaket mit Organresten.

Mumienfunde aus der Zeit um 1900 v. Chr. zeigen, dass man bereits neue Versuche vorgenommen hatte: Das Gehirn war entfernt worden. Untersuchungen an der Mumie des Königs Tut-ench-Amun (um 1350

Doppelsarg mit Mumie, deren Schmuck an Hals und Knöchel von Grabräubern gestohlen wurde (um 500 v. Chr.), befindet sich im Ägyptischen Museum Berlin.

v. Chr.) gaben nicht nur Auskunft über das mögliche Sterbealter, sondern auch über die weiterentwickelte Mumifizierungstechnik: Nach der Entnahme der inneren Körperorgane und des Gehirns wurde der Körper mit festem Natron behandelt. Natron wurde in Unterägypten abgebaut. Es hat die Eigenschaft, dem Körpergewebe die Flüssigkeit zu entziehen. Damit war der entscheidende Schritt getan um den Körper zu konservieren. Letzte Flüssigkeits- und Fettreste entfernte man mit Sägespänen, bevor der Leichnam mit Salbölen aus pflanzlichen Stoffen (Baumharz und Myrrhe) behandelt wurde.

Nur Angehörige von Königsfamilien und Beamte konnten sich eine solche Behandlung leisten. Die Armen dagegen wurden einfach im Sand begraben.

A1 *Überlege, warum die alten Ägypter bestrebt waren die Körper der Toten zu erhalten.*

A2 *Wie entwickelten sie die Mumifizierungstechnik weiter?*

Mumie der Königin Hatschepsut (um 1450 v. Chr.)

Krüge mit Deckeln, die die Söhne des Gottes Horus darstellen: Duamutef (Hundekopf) bewacht den Magen, Kebehsenuf (Falkenkopf) die Därme, Amset (Menschenkopf) die Leber und Hapi (Affenkopf) bewacht die Lunge.

1.5 Ein Leben ohne Geld

Im 16. Jahrhundert v. Chr. wurde die Arbeitersiedlung Deir el Medineh gegründet, als die Könige beschlossen ihre Gräber im Tal der Könige anlegen zu lassen.

Der Wasserbedarf wurde durch einen am Siedlungseingang befindlichen Brunnen und durch Transporte per Esel gedeckt.

A1 *Beschreibe die Siedlungsanlage und das Wohnhaus.*

Anlage der Siedlung

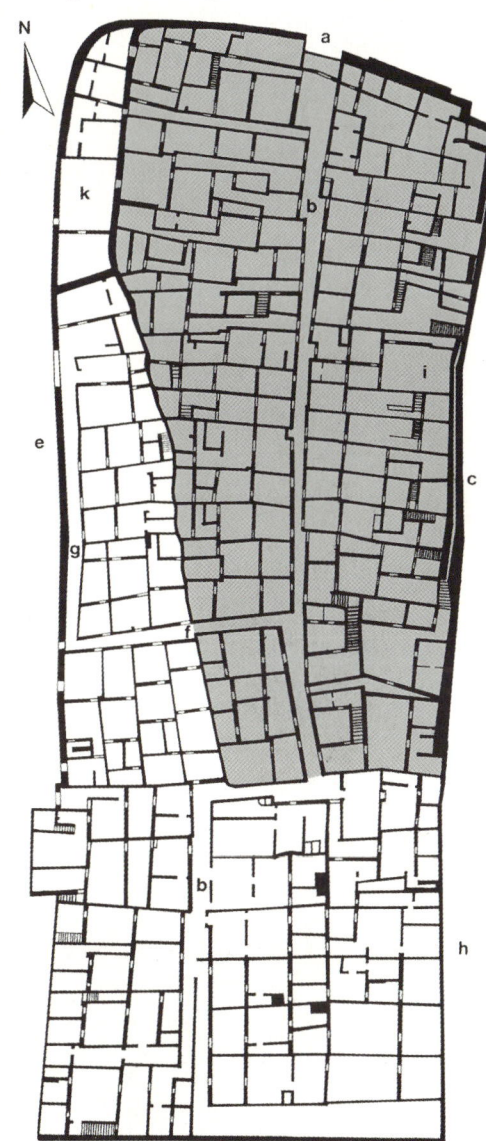

a – Eingang
b – Hauptstraße
c – Umfassungsmauer
d – Ziegel mit Namen Tutmosis I. (Pharao um 1500 v. Chr.)
e – Erweiterungsanlagen
f – Nebenstraßen
g – Parallel zur Hauptstraße angelegte Straße
h – Spätere Erweiterung
i – Haus des Vorarbeiters Qaha
k – Spätere Anbauten

Blick auf die Arbeitersiedlung

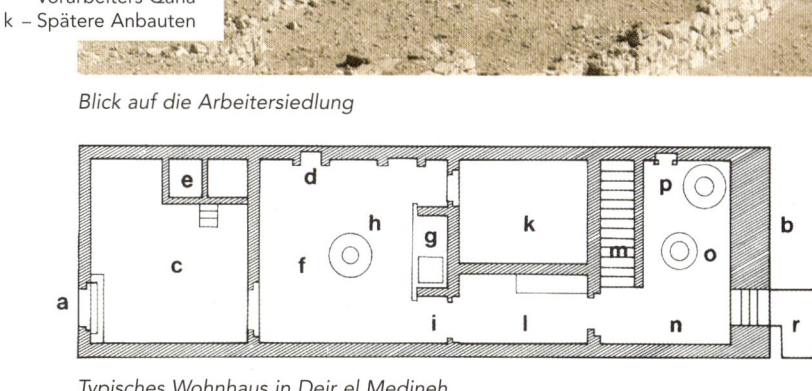

Typisches Wohnhaus in Deir el Medineh

a – Straße
b – Umfassungsmauer
c – Schlafraum
d – Wandnischen zur Aufbewahrung von Möbeln
e – Erhöhter, gemauerter Schlafbereich
f – Wohnraum
g – Gemauerte Sitzbank
h – Säule
i – Treppe zum Keller (nicht in allen Häusern)
k – Nebenraum, oft als Stall benutzt
l – Korridor, oft als Stall genutzt
m – Treppe zum Dach
n – Küche
o – Feuerstelle
p – Vorratsgefäß
r – Vorratskammer

Q1 Ein beschriebener Kalksteinsplitter (Ostrakon) enthielt aus der Zeit Ramses III. (um 1184–1153 v. Chr.) folgende Notiz:
„*Vorarbeiter: 2 (Sack Gerste), 5½ (Sack Emmer)*
Schreiber: 2 (Sack Gerste), 5½ (Sack Emmer)
17 Mann: jeder 1½ (Sack Gerste), macht 25½;
jeder 4 (Sack Emmer), macht 68
die Jungen, 2: jeder ½ (Sack Gerste), macht 1;
jeder 1½ (Sack Emmer), macht 3
der Hirte: 1¼ (Sack Gerste),
3¼ (Sack Emmer)
die Dienerinnen: 1½ (Sack Gerste), 1½ (Sack Emmer)..."
(Emmer = Getreide)
(Gutgesell, M.: Arbeiter und Pharaonen, S. 149 f.)

A1 *Was erhielten die hier Tätigen für ihre monatliche Arbeit? War es Versorgung oder Lohn?*
A2 *Vergleiche, was fällt dir auf?*

Die Hauptaufgabe der Vorarbeiter bestand in der Überwachung der Arbeiter am Königsgrab.

Nicht immer erhielten die Arbeiter Getreide, Öl, Kleidung und andere Nahrungsmittel. Es gab auch Zeiten, in denen anstelle von Getreide Kupferdeben (unbearbeitetes Metall) ausgegeben wurden.

Beispiele für Warenwerte in Deir el Medineh (umgerechnet in Kupferdeben):

¼	für Geflügel pro Stück
¼–½	für ein Bund Gemüse
½	für 1 Matte
1	für 6 kg Fisch, 50 g sehr guten Fisch oder 1 Hin Honig
1–3	für 1 Holzkiste
1–5	für 1 Truhe
2	für 1 Liege, 1 Paar Sandalen oder 1 Kamm
2–3	für 1 Fußschemel
4	für ½ Sack Mehl
4–5	für 1 Paar Ledersandalen
5	für 25 Großbrote
7	für 1 Meißel
10	für 1 Bettlaken
25	für 1 Eselin oder 1 Bett mit Matratze
31	für 1 Eselhengst
60	für 1 große Hacke aus Bronze

A3 *Vergleiche. Was erfährst du über den Wert der einzelnen Gegenstände?*
A4 *Suche nach Begründungen für den unterschiedlichen Wert.*

1.6 Und die Frauen im alten Ägypten?

1.6.1 Von Bäuerinnen und Prinzessinnen

A5 *Schau dir die Bilder an. Wie wurden die Frauen in der Kunst dargestellt?*
A6 *Welcher gesellschaftlichen Schicht gehörten sie an? Woran erkennst du das?*
A7 *Welche Arbeiten verrichteten Frauen im bäuerlichen Bereich? (Sieh genau die Darstellungen auf den Seiten 48 und 59 an.)*

Nur wenige Quellen geben Einblick in das Leben der Frauen. Es sind zumeist Grabinschriften von Männern der höheren Schicht. Da wird sie als „seine geliebte Frau" gepriesen. Ein glückliches Familienleben galt als Ideal. Ob es in jedem Fall so verlief, mag zu bezweifeln sein. Bei der Wahl des Ehepartners werden die Eltern ihren Einfluss geltend gemacht haben, in erster Linie der Vater. Die Mädchen wurden meist im Alter von 12–15 Jahren verheiratet,

Irukaptah (Oberaufseher der Kornspeicher) mit Frau und Sohn (um 2400 v. Chr.)

Festszene: Eine Dienerin bewirtet ...

während die Männer ungefähr 20 Jahre alt waren. Es gibt in den Quellen keinen Hinweis auf eine standesamtliche (juristische) oder religiöse Zeremonie (Trauung), wie wir sie heute kennen. Ehen wurden zumeist in gleichen sozialen Verhältnissen eingegangen. Wenn sich der Mann noch kein eigenes Haus leisten konnte, zog die junge Frau mit in sein elterliches Haus. Sie war somit von seinen Eltern abhängig. Im alten Ägypten war es auch möglich, dass sich Paare, die einen Haushalt gegründet hatten, auch wieder trennen konnten. Zu den Hauptgründen wird die Kinderlosigkeit von Ehen gehört haben. Quellen aus der Zeit ab 500 v. Chr. belegen, dass auch Frauen die Scheidung beantragen konnten. In den Eheverträgen, die zuerst im 7. Jh. v. Chr. auftauchen, werden mögliche Scheidungsgrün-

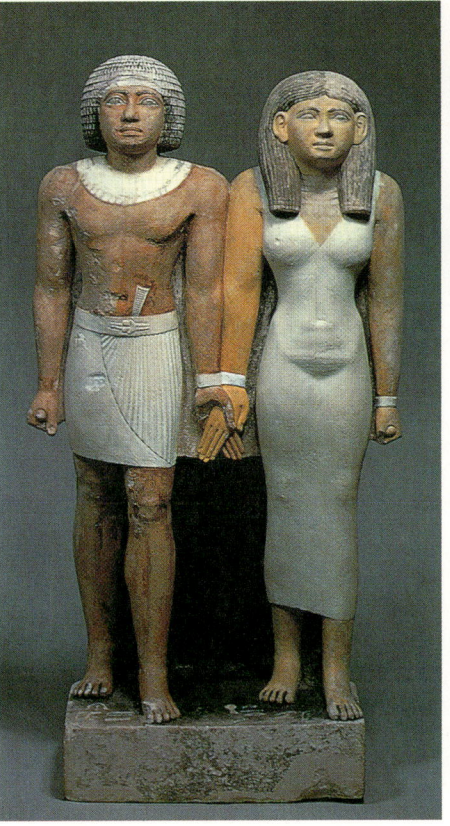

Priester Tenti und seine Frau (um 2400 v. Chr.)   Holzmodell. Eine Bäuerin ...

de genannt: Missfallen an der Frau oder einfach der Wunsch, eine andere zu heiraten. Derartige Verträge wurden für den Fall einer möglichen Scheidung von Paaren abgeschlossen, die über Besitz verfügten. In ihnen wurde festgesetzt, welche Vermögensanteile die Frau und die Kinder erhalten würden. In dem Fall war die Frau gleichberechtigte Vertragspartnerin ihres Mannes.

Der Sinn der Ehe war es Kinder zu bekommen, denn sie sicherten den Fortbestand der Familie. Mädchen und Jungen waren gleichermaßen beliebt. Die Mütter übernahmen die Erziehung der Kleinkinder. Als Heranwachsende wurden die Mädchen mehr in die Aufgaben der Mutter einbezogen und auf die Rolle als künftige Ehefrau vorbereitet. Die Jungen wurden dagegen vom Vater unterwiesen. Die Aufgaben der Frauen bestanden darin Kinder zu gebären und den Haushalt zu führen. Dazu gehörte Stoffe zu weben, Korn zu mahlen, Brot zu backen und Bier zu brauen. War ein Mann nicht fähig seine Familie zu ernähren, musste die Frau auswärts arbeiten, z. B. als Weberin oder Wäscherin.

Dagegen konnten Frauen aus der Oberschicht auch Aufgaben im Tempel als Priesterinnen übernehmen. Als Musikerin oder Tänzerin nahmen sie an Gottesprozessionen teil. Andere hatten niedere oder mittlere Verwaltungsposten in Haushalten von hohen Beamten oder Prinzessinnen inne. Hier waren sie auch Dienerinnen der Hausherrin. Wenngleich Frauen von der Ausbildung als Schreiber ausgeschlossen waren, gibt es dennoch Aufzeichnungen, die von Frauen stammen. Juristische Dokumente zeigen, dass Frauen und Männer vor dem Gesetz gleich waren. Frauen konnten frei über ihr Eigentum verfügen und erben bzw. vererben. Vor Gericht konnten sie als Klägerin, Zeugin oder Angeklagte erscheinen. Sie konnten selbstständig Land pachten oder besitzen und Geschäfte abschließen. Im Allgemeinen blieben Frauen aber von Machtpositionen ausgeschlossen. Eine Frau auf dem Thron war selten.

A1 *Vergleiche die Darstellung des Priesters Tenti und seiner Frau mit der anderen Familiendarstellung.*

A2 *Beschreibe das Leben der Frauen in der altägyptischen Gesellschaft.*

1.6.2 Hatschepsut – eine Frau mit Bart?

Als Witwe führte sie die Staatsgeschäfte (etwa 1479–1457 v. Chr.) anstelle ihres zunächst minderjährigen Sohnes Tutmosis III. Sie gehörte zu den wenigen Frauen, die den Königstitel trugen. Es wird vermutet, dass sie einen starken Charakter hatte. Sie liebte offenbar die Macht. (Ihr Sohn konnte erst nach ihrem Tode den Thron besteigen.) Auf Denkmälern ließ sie sich in männlicher Tracht und mit Königsbart darstellen. Die Hieroglyphentexte am Terrassentempel nahe des Nilufers bei Theben geben Kunde von ihrem Wirken:

Q1 *„Ich werde in Ewigkeit vor euren Angesichtern glänzen nach dem Willen meines Vaters ... Das, was meine Vorfahren nicht kannten, werde ich ausführen ... Ich werde veranlassen, dass man in Zukunft sagt: ‚Wie muss sie prächtig gewesen sein‘... Ich verkünde euch das, was mir befohlen wurde, wie ich es von meinem Vater [Amun] hörte, ... dass er mir befahl ... die Bäume des Göttlichen Landes zu beiden Seiten seines Tempels in seinem Garten anzupflanzen ..."* (Amun = Gott)
(Lautemann, W., Geschichte in Quellen, S. 31)

Königin Hatschepsut

So sah sie es offenbar als ihre besondere Leistung an, dass sie eine Expedition in das Land Punt (wahrscheinlich an der Küste des heutigen Somalia) ausrüstete und dort Schiffe beladen ließ mit Myrrhenbäumen, Ebenholz, Elfenbein, Leopardenfellen und vielen anderen wertvollen Gütern. Genau dieses Ereignis wurde an ihrem Totentempel bei Theben besonders hervorgehoben.

A1 *Überlege, warum sich Hatschepsut mit Bart darstellen und warum sie gerade diese Inschrift an ihrem Tempel anbringen ließ.*

Tempel der Hatschepsut in Deir el Bahari (bei Theben)

1.7 Rätsel um die Hieroglyphen

Die Schrift der alten Ägypter bezeichneten die Griechen später als Hieroglyphen, was übersetzt „heilige Zeichen" bedeutet. Lange Zeit blieben die Aufzeichnungen auf Papyrus und in Grabkammern stumm, weil die Kunst, die ägyptische Schrift lesen zu können, verloren gegangen war. Aber im Juli 1799 entdeckten Truppen des französischen Generals Napoleon im Nildelta einen Stein von 114 cm Höhe und 72 cm Breite. Das Sonderbare war, dass auf ihm drei Inschriften erkennbar waren: Hieroglyphen, die demotische (eine altägyptische) und griechische Schrift. Durch diesen Fund gelang es dem französischen Forscher Champollion im Jahre 1822 das Geheimnis der Hieroglyphen zu lüften. Er hatte nämlich herausgefunden, dass alle drei Inschriften des Steins den gleichen Inhalt hatten. Er verglich die Schreibweise von Königsnamen und stellte fest, dass die Hieroglyphen nicht nur ganze Begriffe darstellen, sondern auch einzelne Laute.

So konnten die Wissenschaftler viele Aufzeichnungen entschlüsseln: Königslisten, Grabinschriften, religiöse und literarische Texte, auch Gerichtsprotokolle. Geschrieben wurde auf Papyrus, wovon unser Wort Papier abgeleitet ist. Es fanden sich auch Kalksteinscherben, die für Schreibübungen, für Listen oder Rechnungen benutzt worden waren. Wurden sie nicht mehr gebraucht, hatte man sie offenbar einfach weggeworfen.

Auch das Recycling ist wohl keine so moderne Erfindung: Schon vor mehr als 2000 Jahren verarbeiteten die alten Ägypter Lagen von Papyrusblättern zu einer Art Pappe, aus der man z. B. Mumienhüllen formte.

A		B
𓅐	Geier	a
𓇋	Schilfblatt	i(j)
𓅱	Wachtelküken	w(u)
𓃀	Fuß	b
𓊪	Sitz	p
𓆑	Hornviper	f
𓅓	Eule	m
𓈖	gekräuseltes Wasser	n
𓂋	Mund	r
𓉔	Hausgrundriss	h
𓎛	geflochtener Docht	ch
𓋴	Riegel	s
𓈙	See	sch
𓎡	Henkelkorb	k
𓎼	Kruguntersatz	g
𓏏	Brot	t
𓍿	Seil	tsch
𓂧	Hand	d
𓆓	Kobra	dsch

Das Hieroglyphenalphabet:
A) Bildhafte Bedeutung
B) Bedeutung als Laut/Buchstabe

2 Mesopotamien – das Land zwischen den Strömen

2.1 Stadtstaaten im Zweistromland

Im Unterschied zu Ägypten bildete sich um 3000 v. Chr. im Mündungsgebiet zwischen Euphrat und Tigris eine Anzahl kleinerer Staaten heraus, deren Zentrum von einer Stadt gebildet wurde. Uruk, eine der größten Städte, war von einer fast 10 km langen Ziegelmauer umgeben. In einer Heldendichtung wurde der König Gilgamesch (wahrscheinlich um 2700/2600 v. Chr.) als deren Erbauer genannt. Das Stadtbild von Uruk wurde bestimmt durch den der Göttin Inanna geweihten Tempelbezirk. Ein Drittel des Stadtgebietes bildeten Wohnhäuser.

Die Stadt Ur aus der Zeit um 2100 v. Chr. war Hauptstadt eines neuen Reiches. Innerhalb der fast 3,5 km langen Befestigungsanlage, die aus einer Mauer von gebrannten Ziegeln und einem Lehmziegelwall bestand, mögen fast 20.000 Einwohner gelebt haben. Ur war die Residenz des Herrschers und zugleich eine berühmte Tempel- und Hafenstadt. Zu den Einfuhrgütern zählten Rohstoffe wie Kupfer, Bronze, Edelmetall und Holz. Dagegen wurden Handwerkserzeugnisse und Getreide ausgeführt.

Der dem Stadtgott Nannar geweihte heilige Bezirk innerhalb der Stadtmauer beherbergte Tempelanlagen mit Zikkurat (=Stufentempel) sowie Amts- und Lagerräume.

Die Stadt in Mesopotamien stellte etwas völlig Neues dar. Sie war Sitz der Verwaltung, des Königs und zugleich Zentrum des Handels, der Kunst sowie des religiösen Lebens. Hier stellten Handwerker gewerbliche Erzeugnisse her, die Kaufleute gegen Rohstoffe aus den Nachbarländern eintauschten. Priester versahen den Tempeldienst. Und Soldaten bewachten die Häuser und Tore der Stadt.

Papyrusherstellung

Frühe Hochkulturen in Mesopotamien

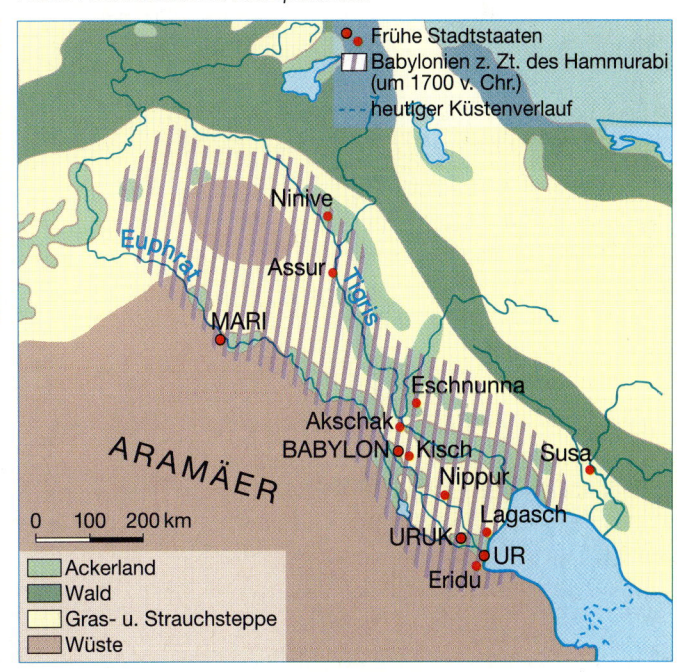

A1 Aus welchen Bedürfnissen entwickelte sich wohl die Schrift?

A2 Versuche mit Hilfe des Hieroglyphenalphabets deinen Namen zu schreiben. Weitere Vokale (Selbstlaute) kannten die Ägypter nicht. Die alten Ägypter schrieben von rechts nach links oder von oben nach unten.

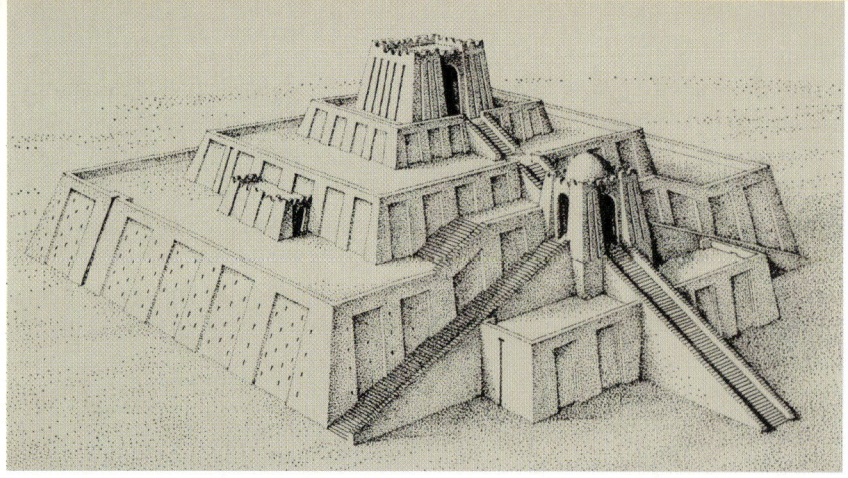

Rekonstruktion der Zikkurat

Die Zikkurat von Ur (Stufentempel)

A1 Beschreibe die Palastanlage von Mari.
A2 Welche Bedeutung hatten die einzelnen Räume?

Die Versorgung wurde durch die landwirtschaftlichen Produkte aus der Umgebung gesichert. Häufige unberechenbare meterhohe Flutwellen, Stürme und Trockenperioden erschwerten die Landwirtschaft. Das erforderte Gemeinschaftsarbeit beim Bau von Kanälen, Deichen und Bewässerungsanlagen. Wie in Ägypten sorgten hier Verwalter für Nahrungsmittelvorräte und deren Verteilung.

Zu den bedeutendsten Leistungen dieser Zeit zählte die Entwicklung einer Keilschrift, deren Zeichen mit Griffeln in weiche Tontafeln gedrückt wurden.

Der Text des Gilgamesch-Epos (Heldendichtung) wurde in der Tontafelbibliothek eines assyrischen Königs entdeckt, der um 650 v. Chr. regiert hatte.

Auch das Rad und damit der Karren sowie der Pflug waren Erfindungen dieser Zeit. Die Menschen führten auch schon verschiedene Rechenoperationen aus, sie berechneten Längen- und Flächenmaße. Aus dieser Zeit stammt auch die Einteilung des Kreises in 360°.

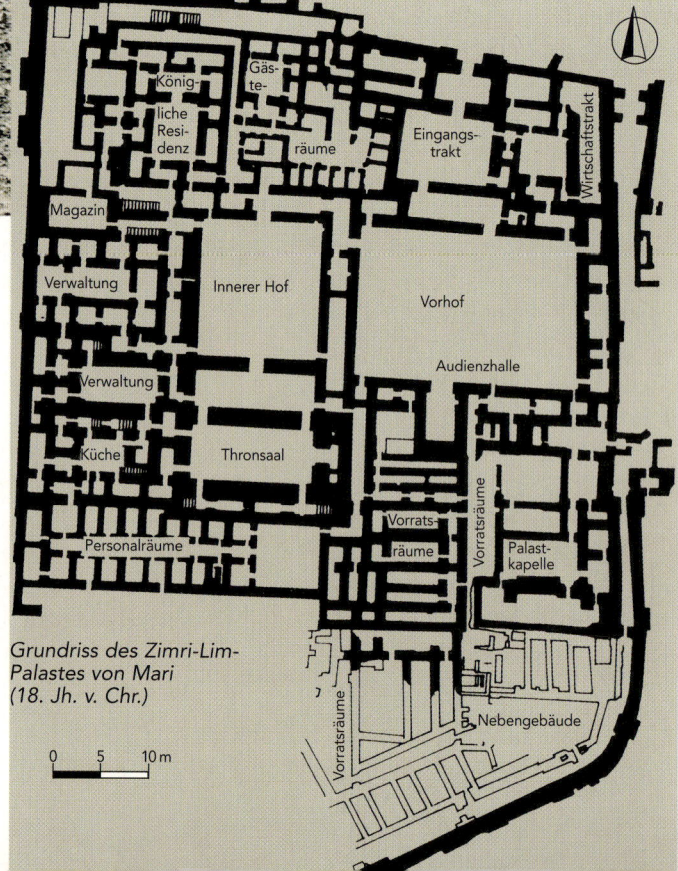

Grundriss des Zimri-Lim-Palastes von Mari (18. Jh. v. Chr.)

Tontafel mit Keilschrift

Uruk ca. 3100 v. Chr.	Sumerisch ca. 2500 v. Chr.	Sumerisch Babylonisch
		apin epinnu Pflug
		še še'u Korn
Altbabylonisch ca. 1800 v. Chr.	**Spätbabylonisch ca. 600 v. Chr.**	**Sumerisch Babylonisch**
		apin epinnu Pflug
		še še'u Korn

Entwicklung der Schrift in Mesopotamien

2.2 Hammurabi – Herrscher von Babylon (um 1700 v. Chr.)

A3 Sieh dir die Karte von S. 61 an und lies die folgenden Quellenauszüge. Was erfährst du über Hammurabi?

Q1 Aus Schriften Hammurabis:
„Jahr 1: Hammurabi wurde König.
Jahr 2: Er stellte Gerechtigkeit im Lande her, soziale Gerechtigkeit.
Jahr 3: Er stellte den Thron des Hohen Heiligtums des Nannar von Babylon her.
Jahr 7: Uruk und Insis wurden erobert.
Jahr 9: Der Kanal Hammurabi-hegal wurde gegraben.
Jahr 10: Heer und Einwohner von Malgu (am Tigris) wurden vernichtet.
Jahr 22: Die Statue Hammurabis als König verleihend Gerechtigkeit."
(Lautemann, W., Schlenke, M. (Hg.): Geschichte in Quellen, Altertum, S. 63)

Rechtsprechung gab es im alten Ägypten wie auch in der Geschichte Mesopotamiens. Neu war: Hammurabi machte Gesetze öffentlich. Er ließ eine 2,25 m hohe schwarze Basaltsäule aufstellen, auf der ein umfangreicher Gesetzestext eingraviert war. Ob es neue Gesetze waren oder schon gefällte Richtersprüche (heute würden wir sagen: Grundsatzurteile), bleibt unklar. Als oberster Richter wachte Hammurabi über die Einhaltung seiner Gesetze im Reich.

A4 Welche Wirkung sollte die Abbildung auf der Säule wohl auf die Menschen haben?

Q2 Aus den „282 Gesetzen" Hammurabis:
„1. Wenn ein Bürger einen Bürger bezichtigt und Mord(schuld) auf ihn geworfen hat, (es) ihm aber nicht beweist, so wird, der ihn bezichtigt hat, getötet.

Oberer Teil der Säule mit dem Gesetzestext: Schamasch, Gott der Sonne und des Rechts, übergibt Hammurabi (links) Ring und Stab, Zeichen der Herrschaft.

22. Wenn ein Bürger Raub begangen hat und gegriffen wird, so wird dieser Bürger getötet.
53. Wenn ein Bürger (...) seinen Deich nicht befestigt hat, in seinem Deiche eine Öffnung entsteht, er gar die Flur (= Boden) vom Wasser wegschwemmen lässt, so ersetzt der Bürger, in dessen Deich die Öffnung entstanden ist, das Getreide, das er (dadurch) vernichtet hat.
54. Wenn er das Getreide nicht zu ersetzen vermag, so verkauft man ihn und seine Habe und die Markgenossen (= Nachbarn), deren Getreide das Wasser weggeschwemmt hat, teilen (den Erlös).
195. Wenn ein Sohn seinen Vater schlägt, so schneidet man seine Hand ab.
200. Wenn ein Bürger den Zahn eines ihm ebenbürtigen Bürgers ausschlägt, so schlägt man seinen Zahn aus.

Sammlungen medizinischer Vorschriften aus dem alten Babylon verweisen auf die Versorgung von Knochenbrüchen und die Herstellung von Medikamenten. Der damals aufgestellte Kalender teilte das Jahr in 12 Monate und zählte die Tage.

A1 Beschreibe, welche Veränderungen die Entstehung der Städte für das Leben der Menschen brachte.

A2 Nenne kulturelle Leistungen aus dieser Zeit. Welche Bedeutung hatten sie für die Menschen?

Siegelrolle (1. Hälfte des 2. Jh.s v. Chr. – im Original 2,8 cm Höhe)
Auf weichem Ton oder Lehm wurden die kleinen Steinwalzen abgerollt. Das Bild stellt die Anbetung der Göttin Ischtar dar. Die Siegelschneider fertigten auch Stempel an, die für die Ausstellung von Urkunden benutzt wurden.

> 201. Wenn er den Zahn eines Untergebenen ausschlägt, so zahlt er $1/3$ Mine Silber."
> (Lautemann, W., Schlenke, M. (Hg.): Geschichte in Quellen, Altertum, S. 64 f.)

A1 Äußere deine Meinung zu den einzelnen Gesetzen.

A2 Spielt eine Gerichtsszene: Ein Bürger wird angeklagt, weil sein Deich gebrochen ist …

Babylonien wurde zur Zeit Hammurabis das Land der Kaufleute. Sie betätigten sich erfolgreich als Zwischenhändler für andere Länder. Zu den Ausfuhrwaren zählten: Getreide, Mehl, Sesamöl, Trockenfisch und Hülsenfrüchte, außerdem handwerkliche Produkte wie Stoffe, Keramik und Schmuck sowie Duftstoffe. Haupteinfuhrprodukte waren Hölzer und Steine, aus denen die Bildhauer u. a. Standbilder herstellten. Gold kam aus Ägypten. Die Babylonier führten später auch Eisen ein um daraus Waffen zu fertigen. Lapislazuli, ein blauer Schmuckstein, galt als Schutz gegen böse Gewalten. Die Babylonier bezogen ihn aus Persien (dem heutigen Iran) und lieferten ihn in andere Länder, vor allem nach Ägypten.

2.3 Babylon – eine längst verschwundene Stadt

Archäologen haben bei Ausgrabungen nur Reste dieser einstigen Stadt freigelegt, die unter Nebukadnezar II. (604–562 v. Chr.) ihren glanzvollen Höhepunkt erlebte. Sie war Zentrum der Gelehrsamkeit und des Handels. Das tatsächliche Stadtbild lässt sich nur erahnen.

A3 *Vergleiche die Stadtansicht mit dem Stadtplan. Welche Anlagen und Gebäude fallen dir auf? Wie verliefen die Straßen?*

Niemand weiß, wo sich die berühmten Hängenden Gärten befanden, die – wie die Pyramiden von Giseh – zu den Sieben Weltwundern zählten. Es ist auch nicht geklärt, ob die Zikkurat den in der Bibel bezeichneten Turm von Babel darstellt. Die Rekonstruktionszeichnung will einen Eindruck vom möglichen Aussehen

Stadtansicht von Babylon (Rekonstruktion)

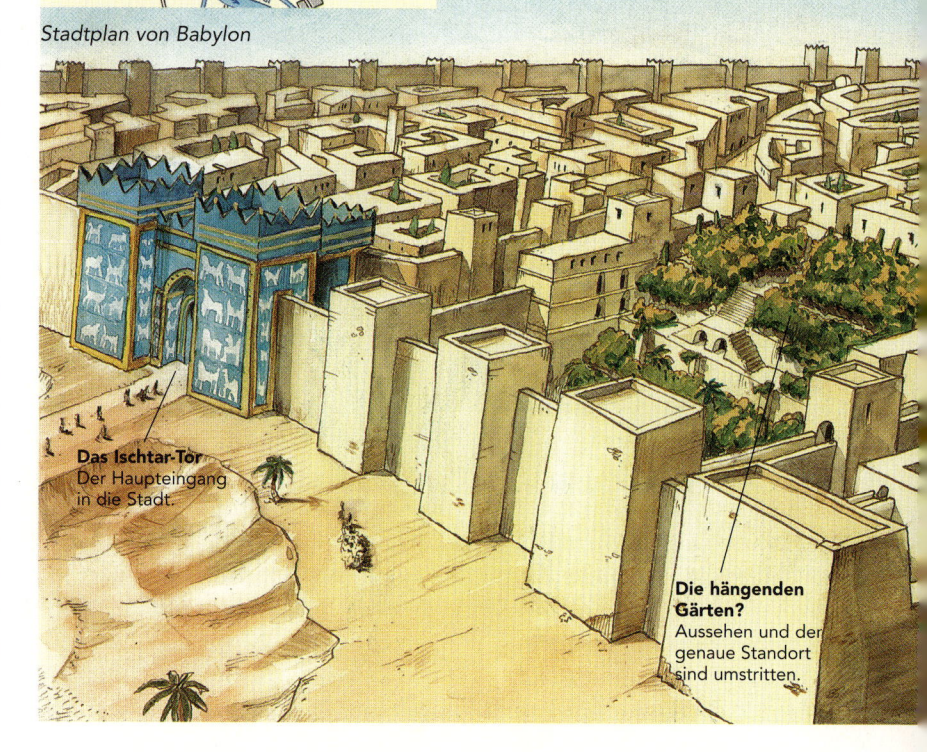

Stadtplan von Babylon

Das Ischtar-Tor
Der Haupteingang in die Stadt.

Die hängenden Gärten?
Aussehen und der genaue Standort sind umstritten.

dieser Stadt vermitteln. Die äußere Mauer bestand aus drei voneinander getrennten Mauerzügen, die aus Lehmziegeln gebaut und bis zu 7 m breit waren. Die östliche Anlage war 18 km lang.

A1 *Überlege, warum die Babylonier so starke Außenmauern bauten.*

Während des Neujahrsfestes wurden auf der Prozessionsstraße Götterbilder einhergetragen.

Das zu Ehren der babylonischen Liebes- und Fruchtbarkeitsgöttin Ischtar erbaute Tor galt als das Wahrzeichen der Stadt. Es bestand aus glasierten farbigen Ziegeln, geschmückt mit Tieren und Rosetten. Ursprünglich soll dieses Tor 23 m hoch gewesen sein. Eine verkleinerte Rekonstruktion des Ischtar-Tores ist in Berlin im Vorderasiatischen Museum ausgestellt.

3 Frühe Hochkulturen

Geschichtswissenschaftler bezeichnen diesen Abschnitt der Geschichte mit dem Begriff frühe Hochkulturen. Damit wollen sie zum Ausdruck bringen, dass hier eine neue Stufe der gesellschaftlichen Entwicklung und des menschlichen Zusammenlebens zu erkennen ist.

A2 *Suche die Gebiete der frühen Hochkulturen auf der Karte. Beschreibe ihre geographische Lage.*
A3 *Was haben alle diese Gebiete gemeinsam?*
A4 *Was hatte sich im Zusammenleben der Menschen verändert im Vergleich zur Jungsteinzeit?*
A5 *Vergleiche das alte Ägypten und Mesopotamien. Wo siehst du Gemeinsamkeiten, wo Unterschiede?*

Rekonstruktion des Ischtar-Tores

Die Stadtmauer   Der Zikkurat

Frühe Hochkulturen (geographisch)

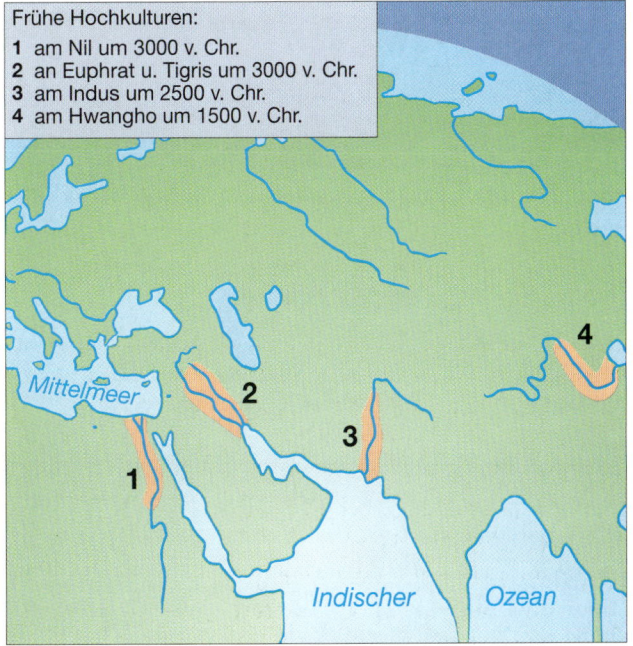

Frühe Hochkulturen:
1 am Nil um 3000 v. Chr.
2 an Euphrat u. Tigris um 3000 v. Chr.
3 am Indus um 2500 v. Chr.
4 am Hwangho um 1500 v. Chr.

4 Das Volk Israel

4.1 Die Israeliten

Die Israeliten, zu denen nach der Bibel Abraham mit seiner Familie gehörte, waren Hirten, die mit ihren Viehherden ständig umherzogen. Wir nennen solche Menschen Nomaden. In den Wüsten und Steppen oder auf abgeernteten Feldern waren sie stets auf der Suche nach Weidegründen für ihre Schafe und Ziegen. Wenn es einmal besonders wenig Futter gab, zogen sie nach Ägypten. Dort gab es im Niltal genügend Nahrung für Menschen und Tiere. Dafür musste man allerdings in einer Weise bezahlen, die den an die Freiheit gewöhnten Nomaden nicht gefiel: Sie mussten dafür Zwangsarbeit leisten.

Ungefähr um 1200 v. Chr. war wieder einmal eine solche Gruppe von Nomaden nach Ägypten gezogen. Auch sie gerieten in ägyptische Knechtschaft und waren deshalb mit ihrem Anführer Moses geflohen. Im Tempel sprachen die Israeliten ein Gebet, das in knappster Form diese Geschichte enthielt. Die Bibel hat es uns bewahrt (5. Buch Mose = eines der fünf Bücher der Thora).

Annegret Fuchshuber: Der Zug durch das Rote Meer

Q1 *„Ein umherirrender Aramäer (=Nomadenstamm) war mein Vater. Der zog hinab nach Ägypten mit wenigen Leuten und blieb dort als Fremdling und wurde dort zu einem großen, starken und zahlreichen Volk. Aber es misshandelten uns die Ägypter und bedrückten uns und legten uns harte Arbeit auf. Da schrien wir zu Jahwe, dem Gott unserer Väter, und Jahwe erhörte uns und sah unser Elend, unsere Mühsal und Bedrückung. Und Jahwe führte uns heraus aus Ägypten mit starker Hand und ausgestrecktem Arm, unter großen Schrecken, unter Zeichen und Wundern; und er brachte uns an diesen Ort und gab uns dieses Land, ein Land, das von Milch und Honig fließt."*

A1 Versuche den Text in deine Sprache zu übersetzen. Was ist geschehen?

Dass den Israeliten die Flucht aus Ägypten gelang, galt als ein Wunder. Jahwe, ihr Gott, hatte Moses und seine Gruppe vor den ägyptischen Soldaten gerettet. Nun hielten sie Jahwe für mächtiger als alle anderen Götter und glaubten nur noch an diesen einen Gott (Monotheismus).

Die Geschichten der Bibel haben Künstler zu allen Zeiten angeregt. Die Malerin Annegret Fuchshuber hat den Text der Bibel, der das Wunder mit den Worten der Menschen vor 3.200 Jahren beschreibt, in ein Bild unserer heutigen Zeit umgesetzt.

Q2 *„Und Jahwe sprach zu Moses: Du aber hebe deinen Stab empor und strecke deine Hand aus über das Meer und teile es, dass die Israeliten mitten im Meer auf dem Trockenen gehen können."*
(2. Buch Mose, 14,16)

A2 Vergleiche den Bibeltext mit dem Bild! Was fällt auf?

GEWUSST WIE!

Zum Umgang mit künstlerischen Rekonstruktionen

Du weisst bereits, dass man verschiedene Formen von Abbildungen unterscheiden kann. Die bildhafte Quelle und die wissenschaftliche Rekonstruktion kennst du bereits.

Die Abbildung von Annegret Fuchshuber ist eine künstlerische Rekonstruktion. Hier hat eine Malerin ihre Fantasie spielen lassen, wie sie sich aus heutiger Sicht das Wunder vorstellt, dass Moses mit einer Gruppe Israeliten durch das Meer läuft und so den ägyptischen Soldaten entkommt. Nicht die geschichtliche Wirklichkeit steht im Mittelpunkt, sondern Fantasie und ganz persönliche Sicht (Interpretation) der Künstlerin. Was dargestellt wird (z. B. Aussehen und Größe der Fische usw.) darf man daher nicht für die Wirklichkeit halten.

Auch gegenüber künstlerischen Rekonstruktionen muß man also kritisch sein: Sie verraten oft mehr über die Absichten der Künstler als über tatsächliche Geschehnisse. Bei der Auswertung von Abbildungen ist daher eine der ersten Fragen, welche Form von Abbildung vorliegt.

4.2 Das „gelobte Land"

Nach langer Wanderung, auf der ihnen nach der Überlieferung ihr Gott die Zehn Gebote übermitteln ließ, gelangten die Israeliten schließlich in das „gelobte Land". So nannten sie die fruchtbare Landschaft Palästina im Jordantal. Es war ein Gebiet, wo man Getreide, Öl, Wein und Früchte im Überfluss ernten konnte.

Aber die Ebenen Palästinas waren vom Volk der Philister besiedelt, die die Israeliten dort nicht hereinlassen wollten. Doch in den Kämpfen um dieses fruchtbare Gebiet waren die Israeliten unter ihrem Befehlshaber David schließlich erfolgreich. Die israelitischen Stämme im Süden machten David zu ihrem König. Ihren Staat nannten sie Juda. Die Hauptstadt wurde Jerusalem. Einige Jahre später vereinigten sich auch die Stämme des Nordens zu dem Staat Israel und wählten ebenfalls David zu ihrem König.

Jordan mit dem Toten Meer und das Siedlungsgebiet des Volkes der Israeliten

Als David starb, wurde sein Sohn Salomo König. Der baute den Tempel in Jerusalem und den königlichen Hof. Der Hof und die Bezahlung der Beamten kosteten viel Geld. Zahlreiche Bauern waren nicht mehr in der Lage dies alles zu bezahlen. Das gemeinsame Reich aus Juda und Israel zerfiel wieder in zwei Kleinstaaten, die bald das Opfer zweier Großmächte wurden. 721 v. Chr. eroberten die Assyrer die Hauptstadt des Staates Israel. Große Teile der Bevölkerung wurden verschleppt. 587 v. Chr. waren es die Babylonier, die Jerusalem eroberten und den Tempel zerstörten. Wieder wurden zahlreiche Menschen verschleppt.

Der Tempel des Salomo (Rekonstruktion)

Assyrische Soldaten führen die Beute weg

A1 *Schau dir das Bild der Verschleppung der Israeliten an, das der damalige assyrische König hat anfertigen lassen. Versuche die unterschiedlichen Personen zu erkennen. Woran erkennst du die Israeliten, woran ihre Bewacher?*

A2 *Beschreibe, was die Soldaten tragen.*

A3 *Sprecht in der Klasse darüber, was ihr über die Verfolgung der Juden im 20. Jahrhundert wisst.*

4.3 Von den Propheten

Aber die Geschichte der Israeliten endete nicht mit der Zerstörung der Staaten Israel und Juda und des Tempels in Jerusalem. Die Babylonier siedelten die Verschleppten in geschlossenen Wohngebieten an. Das ermöglichte ihnen ein gewisses Maß an Eigenleben.

Die zweite Ursache für das Überleben der Israeliten lag in dem Wirken der Propheten.

Das waren Männer, die sich als Beauftragte Gottes empfanden. Sie stellten sich vor ihre Mitbewohner um eine Botschaft Gottes, die sie erhalten hatten, zu verkünden. So wollten sie zum Werkzeug des göttlichen Willens werden. Sprachgewandt vertraten die Propheten die ärmeren Schichten der Bevölkerung gegenüber den Reichen.

Ein Prophet war Micha. Er stammte aus einer Siedlung in der Nähe der Festungsstadt Lachis. Er erlebte die

Vorbereitungen zu einem Krieg gegen Assyrien um 700 v. Chr. Die gewaltigen militärischen Anstrengungen belasteten besonders die Bauern. Da trat der Prophet Micha für seine armen Landsleute ein. Er warf den Führenden in Jerusalem vor, dass sie aus Habgier und Ehrgeiz das Verderben des Krieges über die Menschen brächten.

Vor allem aber die gnadenlose Anwendung des Schuldrechts wurde den kleinen Bauern zum Verhängnis. Wer in irgendeine Notlage geriet, musste sich Nahrungsmittel leihen und dafür erhebliche Zinsen zahlen. Konnte der Schuldner seine Schuld nicht bezahlen, so hatte der Gläubiger das Recht, Familienmitglieder des Schuldners zu ergreifen und als Sklaven zu verkaufen.

A1 *Stellt euch ein Gespräch Michas mit den Führenden in Jerusalem vor. Wie könnte es verlaufen sein?*

Für die Propheten war diese Fehlentwicklung der Gesellschaft nicht mehr aufzuhalten. Sie hielten eine Besserung der Menschen ohne eine vernichtende Katastrophe nicht für möglich. Die Propheten vertrauten daher allein noch auf ein Eingreifen Gottes. Erst nach der Vernichtung der staatlichen Ordnung mitsamt den Beamten und Richtern und ihren angemaßten Rechten wäre die Errichtung einer neuen Gesellschaft möglich, so sagten sie.

Als Propheten wie Micha den Untergang des Staates als göttlichen Willen vorhersagten, verkündeten sie gleichzeitig einen neuen Anfang nach diesem Ende. Damit hielten sie den Glauben an ein neues „Israel" im Vertrauen auf die weitere Unterstützung Gottes aufrecht.

Juden beten an der Klagemauer in Jerusalem

4.4 Fremdherrschaft und Vertreibung

Nach der Zerstörung des Tempels und der Verschleppung lebten die Israeliten in Babylonien in dörflichen Gemeinschaften, pflegten ihre Sprache und vor allem ihre Religion. Sie lebten in der Fremde und glaubten weiterhin das von ihrem Gott auserwählte Volk zu sein.

Schließlich durften die Israeliten doch nach Jerusalem zurückkehren. Sie bauten den Tempel wieder auf. Der Glaube wurde immer stärker ihr einigendes Band. Die Fremdherrschaft, unter der sie nun im eigenen Land lebten, wechselte. Erst herrschten die Perser, dann die Griechen und schließlich die Römer.

Als die Juden – so nannte man die Israeliten inzwischen – sich gegen die Herrschaft der Römer erhoben, wurde Jerusalem im Jahre 70 n. Chr. erneut zerstört. Dabei blieb vom Tempel nur ein Mauerstück erhalten. Diese „Klagemauer" ist heute die wichtigste jüdische Andachtsstätte.

A2 *Überlege, warum die Juden den Rest des Tempels „Klagemauer" nennen.*

Nach dem Krieg mit den Römern mussten die meisten Juden ihr Land verlassen. Sie zerstreuten sich über das Gebiet des Römischen Reiches und siedelten in zahlreichen Städten (Diaspora). Auch in der Fremde hielten sie an ihrem Glauben fest.

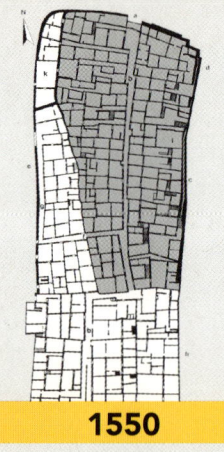

GESCHICHTE IM ÜBERBLICK

	Um 3000	2500	2000	1700	1550	1450	1300
Ä G Y P T E N	Vereinigung von Ober- und Unterägypten Entstehung der Hieroglyphen-Schrift	Pyramide des Cheops Entwicklung der Mumifizierung	Künstliche Bewässerung		Gründung der Arbeitersiedlung Deir el Medineh im Tal der Könige	Königin Hatschepsut herrscht über Ägypten	Pharao Ramses II. (Hohepriester Bek-en-chons)
M E S O P O T A M I E N	Entstehung von Stadtstaaten (Uruk) Entwicklung der Keilschrift	Sagenhafter König Gilgamesch (um 2700?)	Ur: Stadt mit 20.000 Einwohnern	Hammurabi ist Herrscher von Babylon (Gesetzessammlung)	Zimri-Palast von Mari (um 1700)		

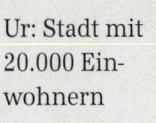

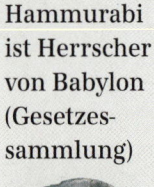

Zusammenfassung:
- Um 3000 v. Chr. entwickelten sich in Mesopotamien und Ägypten neue Lebensverhältnisse. Sie werden als **frühe Hochkulturen** bezeichnet.
- Es entstanden die ersten **Staaten**: Stadtstaaten in Mesopotamien und das Ägyptische Reich.
- Man spricht von frühen Hochkulturen, weil wichtige Neuerungen hervorgebracht wurden: **Schrift, Kalender, Großbauten** wie Pyramide und Zikkurat, staatliche **Verwaltung** und Vorratswirtschaft, **Gesetzgebung**.
- Später folgten Hochkulturen am Indus (um 2500) und in China (um 1500). Gemeinsam ist allen, dass sie an großen Flüssen mit fruchtbarem Schwemmland entstanden (Flusskulturen) und durch künstliche Bewässerung Nahrungsüberschüsse erzeugt wurden.
- Grundlage dieser Staaten war eine strikt gegliederte Gesellschaft mit Arbeitsteilung: Bauern, Handwerker, Händler (in Mesopotamien), Soldaten, Beamte, Priester, Herrscher.
- Nach der Flucht aus Ägypten (um 1200) siedelten die Juden in Palästina. 70 n. Chr. zerstörten die Römer Jerusalem, die Juden wurden vertrieben.

Die frühen Hochkulturen

1200　　1000　　700　　600　　587　　332 v. Chr.　|　　70 n. Chr.

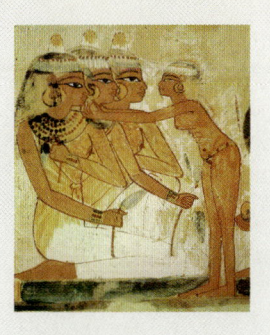

Scheidungsrecht belegt Ansätze einer Gleichberechtigung der Frau in Ägypten (um 500)

Ägypten verliert endgültig die Unabhängigkeit

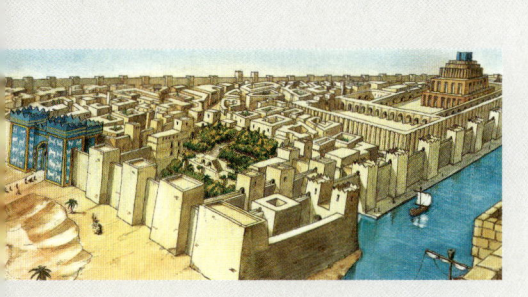

König Nebukadnezar II. (Höhepunkt in der Entwicklung Babylons)

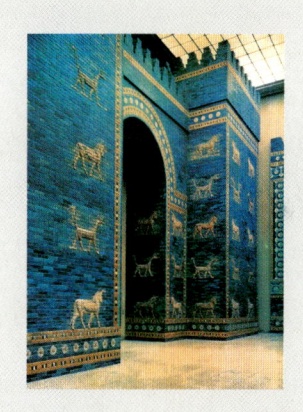

I　Auszug der　　David wird　　Micha　　　　　　　　　Babylo-　　　　　　　　Geburt Jesu　　Zerstörung
S　Juden aus　　König von　　wirkt als　　　　　　　nische　　　　　　　　(Israel ist　　　Jerusalems
R　Ägypten　　　Juda und　　Prophet　　　　　　　　Gefangen-　　　　　　unter　　　　　durch die
A　unter　　　　Israel　　　　　　　　　　　　　　　schaft　　　　　　　　römischer　　　Römer
E　Moses　　　　　　　　　　　　　　　　　　　　　　　　　　　　　　　　　Herrschaft)
L　Führung　　Vertreibung
　　　der Juden

　　Landnahme
　　der Juden in
　　Palästina

WORTERKLÄRUNGEN

Adel
Durch Ansehen, Herkunft und oft auch Besitz aus dem Volk herausgehobene Familien. In der Metallzeit beginnen sich Familien des Stammesadels von den anderen Stammesangehörigen durch eine reichere Grabausstattung bei den Toten abzuheben.

Altsteinzeit (s. Steinzeit)

Archäologie
Altertumswissenschaft, sie beschäftigt sich mit den Spuren alter Kulturen. Archäologen beobachten sehr genau, was sie im Boden entdecken, vergleichen ihre Funde. Auf dieser Grundlage beantworten sie z. B. Fragen nach der Arbeitsweise, zur Ernährung oder zum Wohnen der Menschen in früherer Zeit.

Bandkeramiker
Stämme, die in der Jungsteinzeit in Mitteleuropa, dabei auch auf heute sächsischem Gebiet, siedelten. Neben ihrer Keramik (Töpferware), die sie mit bandähnlichen Mustern verzierten, weisen Überreste der von ihnen errichteten Häuser aus, dass sie hier vor 7 000 Jahren als Bauern in Dörfern lebten.

Eiszeit
Abschnitt der Erdgeschichte, in dem die Temperaturen auf der ganzen Erde deutlich sanken. Dadurch gab es besonders auch in Europa große Veränderungen in der Landschaft und in der Tier- und Pflanzenwelt. Es gab mehrere Eiszeiten, die letzte ging etwa vor 10 000 Jahren zuende.

Frühe Hochkulturen
Bezeichnung für eine Stufe des gesellschaftlichen Zusammenlebens, die sich ab 3000 v. Chr. in verschiedenen Gebieten herauszubilden begann. Als wichtige Merkmale werden u. a. angesehen: gegliederte Gesellschaft, zentrale Verwaltung, Schrift, Rechtsprechung. Das Alte Ägypten und Mesopotamien sind Beispiele dafür.

Hieroglyphen
Altägyptische Schriftzeichen, sie entstanden um 3000 v. Chr.

Jungsteinzeit (s. Steinzeit)

Metallzeit
Abschnitt in der Menschheitsgeschichte, in der Bronze und später auch Eisen Ausgangsstoff für die Herstellung von Werkzeugen und Waffen, aber auch von Schmuckgegenständen wurden. Mit dem Beginn der Metallzeit vor etwa 5 000 Jahren setzte auch eine Gliederung der zusammenlebenden Menschen in verschiedene Gruppen ein. Zumeist lebten die Menschen als Bauern und Hirten, aber es gab auch erste Handwerker und Händler. Unterschiede in den Ausstattungen der Gräber dieser Zeit verweisen auf entstehende Ungleichheit in den Gemeinschaften.

Pharao
Bezeichnung für den Alleinherrscher im Alten Ägypten, vergleichbar mit der Stellung eines Königs. Der Pharao wurde gleichzeitig als Gott angesehen. Dienste, die ihm geleistet wurden, waren dadurch gleichzeitig Leistungen für den großen Gott. Die Pyramiden sind Gräber der Pharaonen.

Quellen
Zeugnisse und Überlieferungen der Vergangenheit verschiedenster Art. Ihre Hauptformen sind Sachquellen (dazu gehören z. B. Gegenstände oder auch Bauwerke) und schriftliche Quellen. Diese haben unterschiedlichste Formen, so gehören zu ihnen Urkunden, aber auch Inschriften auf Denkmalen oder Tagebucheintragungen. Auch Abbildungen oder Filme zählen zu den Quellen. Über die Zeit der Vorgeschichte geben nur Sachquellen Auskunft.

Staat
Das organisierte Zusammenleben von Menschen nach bestimmten Regeln. Im Staat bilden die Menschen eine Einheit (das Volk) und erkennen eine oberste Gewalt (z. B. König, Pharao) an, die Regelungen für das Zusammenleben erlässt (z. B. Gesetze).

Steinzeit
Abschnitt der Vorgeschichte, bezeichnet nach dem Rohstoff, aus dem die Menschen in dieser Etappe ihre Arbeitsgeräte und Waffen hergestellt haben. Sie umfasst den längsten Abschnitt der Menschheitsentwicklung vom Auftreten des Menschen bis um etwa 3000 v. Chr. Zu diesem Zeitpunkt lernten die Menschen, Geräte aus Bronze herzustellen (Beginn der Metallzeit). Innerhalb der Steinzeit werden grob die Abschnitte der Altsteinzeit und der Jungsteinzeit unterschieden. Während die Menschen der Altsteinzeit vom Sammeln und Jagen lebten, entwickelten sich in der Jungsteinzeit Ackerbau und Viehhaltung. Die Menschen wurden als Bauern sesshaft.

Vorgeschichte
Zeitraum der menschlichen Vergangenheit, aus dem keine schriftlichen Quellen überliefert sind.

REGISTER

Ägypten, S. 3, 41 f., 66, 70 f.
Altsteinzeit, S. 15 ff.
Arbeiter, S. 44, 52, 57
Archäologe, S. 4 ff.
Assyrer, S. 68 f.
Babylon, S. 63 f.
Babylonien, S. 62 f., 68 f.
Bandkeramik, S. 23 f.
Bauern, S. 24 ff., 44 ff.
Bautzen, S. 21, 36
Beamte, S. 44, 46, 48
Bibel, S. 66
Binzingsleben, S. 15 f., 18
Bronze, S. 31 f.
Burg, S. 8, 33 f.
Catal Hüyük, S. 24 ff.
Christentum, S. 12
Darwin, Charles, S. 12 f.
Dresden, S. 21, 36
Eiszeit, S. 13 f.
Euphrat, S. 61
Familie, S. 19, 46, 58 f.
Frauen, S. 16, 18, 58 f.
Fruchtbarer Halbmond, S. 25
Frühe Hochkulturen, S. 40 ff., 65, 70 f.
Götter, S. 50, 54 f.
Hammurabi, S. 63 f.
Handel, S. 26, 61, 64
Handwerk, S. 26, 48, 51 f., 61
Hatschepsut, S. 56, 60
Hieroglyphen, S. 49, 60 f.
Höhlenmalerei, S. 19 f., 23
Israel, S. 66 ff.
Jagd, S. 16, 18, 23
Jagdzauber, S. 19 f.

Jerusalem, S. 67 f.
Jesus von Nazareth, S. 2
Jetztmenschen, S. 21
Juden, S. 66 ff.
Jungsteinzeit, S. 28 ff.
Kaufleute, S. 61, 64
Keilschrift, S. 62 f.
Kinder, S. 16, 46
Lausitzer Kultur, S. 33 f.
Leipzig, S. 6, 37
Mammut, S. 10 f.
Mania, Dietrich, S. 15
Markleeberg, S. 21
Mellaart, James, S. 24
Memphis, S. 44
Mesopotamien, S. 3, 61 ff., 70 f.
Metallverarbeitung, 31 ff.
Micha (jüdischer Prophet), S. 68 f.
Monotheismus, S. 66
Moses, S. 66
Mumifizierung, S. 55 f.
Nil, S. 43 ff., 51
Palästina, 67
Pharaonen, S. 44, 46, 54, 60
Philister, S. 67 f.
Priester, S. 54 f., 61
Propheten, S. 68 f.
Punt, S. 60
Pyramiden, S. 40 ff., 46, 51, 53
Ramses II., S. 54 f.
Religion, S. 44 f., 50
Sachsen, S. 6, 21, 28 f., 33 f., 36
Sammlerinnen, S. 3, 16, 18
Sethos I., S. 54
Salomo (jüdischer König), S. 68

Sippe, S. 20
Staat, S. 44, 61, 67
Stadt, S. 61, 64
Steinzeit, S. 20, 30
Tempel, S. 27, 54 f., 61
Tigris, S. 61
Theben, S. 60
Thüringen, S. 15
Tierhaltung, S. 25, 29
Totenkult, S. 44
Tut-ench-Amun, 55 f.
Ur, S. 61 f.
Uruk, S. 61
Viehzucht, S. 28 f.
Vorgeschichte, S. 3
Wermsdorf, S. 6 ff.

LITERATUR

Verzeichnis zitierter Literatur

Arend, Walter: Geschichte in Quellen, Band 1, München 1989 (BSV)

Brunner, Helmut: Die Texte aus den Gräbern der Heraklopolitenzeit von Siut, in: Aegyptologische Forschung, Heft 5/1937

Fircks, Christoph von: Das schwarze Mammut, Berlin 1983 (Der Kinderbuchverlag)

Gutgesell, Mannfred: Arbeiter und Pharaonen, Hildesheim 1989 (Gerstenberg)

Hug, Wolfgang: Quellenlesebuch, Bd. 1, Frankfurt 1981 (Verlag Moritz Diesterweg)

Lautemann, Wolfgang: Geschichte in Quellen, Band 2, München 1970 (BSV)

Nack, E.: Ägypten und der Vordere Orient im Altertum, Wien, Heidelberg 1965

Roeder, Guenther: Aus dem Leben vornehmer Aegypter, Leipzig 1912

Rottschalk, Gerda: Vom Feuertier und den Wildpferdjägern, Berlin 1987 (Der Kinderbuchverlag)

Schneider, Wolf: Überall ist Babylon, Düsseldorf 1974 (Econ)

Abbildungsnachweis

S. 5 o.: dpa/Hollemann, Frankfurt; S. 5 u.: © Copyright Der Kinderbuch Verlag, Berlin; S. 15/16: aus: Dietzel, Maria: Begegnung mit dem Urmenschen, Urania-Verlag, Berlin; S. 18: Explorer, Paris; S. 24: Deutsches Architekturmuseum, Trier; S. 27: © Copyright Der Kinderbuch Verlag, Berlin; S. 30: Herrmann, Joachim/Herbert, Ulrich (Hg.): Menschwerdung, Akademie Verlag, Berlin 1991; S. 36 u.: J. Matschie, Bautzen (2); S. 37: Stadt Leipzig, Naturkundemuseum; S. 40 o.li.: Stern/Cornelius Meffert, Hamburg; S. 41 o.: Stern/Rudolf Gantenbrink, Hamburg; S. 42 o.li.: Stern/Jan Schwochow, Hamburg; S. 45 o.: aus: Das alte Ägypten, © 1991 Carlsen Verlag GmbH, Hamburg; S. 51: Der Spiegel Nr. 1/96, S. 157; S. 52: aus: Klengel, Horst (Hg.): Kulturgeschichte des alten Vorderasien, Akademie Verlag, Berlin 1989; S. 66: aus: Laubi/Fuchshuber: Kinderbibel, © Verlag Ernst Kaufmann, Lahr

Karten und Grafiken:
diGraph, Brensbach

Zeichnungen:
S. 3 o., 12 u., 13 u., 25 u., 35 o. und u.: Stelzner Illustration & Grafikdesign, Frankfurt; S. 64/65 u.: Claus Ast, Mainz

987 654 321